Mochi

Eduard Dimant
Nicole Dimant
Sandra Jedliczka
Tobias Müller

CRISPY & CRUNCHY

KNUSPRIGES AUS JAPAN

Mit Fotografien von
Vanessa Maas

Mit Texten von
Sarah Satt

Mit Manga von
Yona Schuh

Brandstätter

Inhaltsverzeichnis 目次

INTRO 30 Seiten

STARTER 20 Rezepte

スターター

IN BETWEEN 12 Rezepte

小料理

SUSHI お寿司 4 Rezepte

Inhaltsverzeichnis 目次

MAIN

20 Rezepte

メイン・ディッシュ

SWEETS

6 Rezepte

デザート

DRINKS 飲み物

6 Rezepte

OUTRO

17 Seiten

カリカリ食べよう!

LASSEN WIR'S

Wir lieben unser Essen crispy und crunchy.

KRACHEN

Wir lieben es, wenn es zwischen den Zähnen verheißungsvoll knuspert und knackt, anregend knistert und kracht.

Wenn du dieses Buch in Händen hältst, stehen die Chancen gut, dass es dir genauso geht. In Japan findet man knusprig Gebackenes an jeder Ecke – von Supermärkten, Automatenrestaurants und bodenständigen Izakaya-Bars bis hin zu Kaiseki, dem kunstvollen Menü, das zur traditionellen Teezeremonie serviert wird. Auch bei zahlreichen Feierlichkeiten und saisonalen Festivals krachen Karaage, Tempura, Kushikatsu und Korokke mit dem Feuerwerk am Nachthimmel um die Wette. Ob Gemüse, Pilze, Fleisch, ganze Fische, Meeresfrüchte, Teigwaren oder Obst – in heißem Fett frittiert, in goldener Panade oder einem dünnen Teigmantel zart gegart und knusprig gebacken hat so gut wie jede Zutat das Zeug zum Comfort Food. Dass sich trotzdem kaum kreative Kochbücher zum Thema finden, liegt daran, dass Speisen aus der Fritteuse lange verpönt waren und bis heute einen schweren Stand haben. Sie galten als fetttriefend, unbekömmlich und der Gesundheit nicht gerade zuträglich. Inzwischen wissen wir, dass es beim Frittieren neben dem Was vor allem auf das Wie ankommt: Bei der optimalen Temperatur mit geeigneten Fetten, dem richtigen Know-how und genauem Timing zubereitet, lassen sich crispy und crunchy Gerichte in vollen Zügen und ohne schlechtes Gewissen genießen. Eddis ehemaliger Chef, langjähriger Mentor und Freund The Duc Ngo hat in der Küche einmal ironisch zu ihm gemeint:

„Du kannst doch nicht alles frittieren!“

Wir sagen: Challenge accepted! Frittiert, gegrillt oder mit knackigen Toppings verfeinert – die auf den nächsten Seiten versammelten Rezepte sind der köstliche Beweis: Kauen ist Silber, Knuspern ist Gold.

Let's crunch!
Deine Mochis

Die goldbraune Kruste, die deinen Blick magisch anzieht und dir das Wasser im Mund zusammenlaufen lässt. Das laute Krachen, das jeden Bissen effektvoll begleitet. Die knusprige Textur, durch die das Essen zum Erlebnis wird: Das ist die Macht des Crunch. Widerstand ist zwecklos – wir vier sprechen aus Erfahrung. Seit wir das Mochi 2012 eröffnet haben, lassen wir die beliebteste aller Konsistenzen mit einer ganzen Reihe an Gerichten – von knackigen Edamame bis zu gebackenen Hühnerkeulen und crispy Sushirollen – hochleben. Auch im Mochi am Markt, im o.m.k, in der Ramen Bar und der Kikko Bā gibt es garantiert immer was zu knuspern. Einige Kreationen haben sich inzwischen zu Signature Dishes und heißgeliebten Favoriten von uns und unseren Stammgästen entwickelt. Für Sandra und Tobi ist es Tori Karaage, für Nicole ist es frittierter Rosenkohl, unsere Kinder kriegen von Chicken Wings nicht genug und Eddi liebt überhaupt alles Gebackene.

カリカリ食べよう！

料理

楽しむ

料理する

会食する

飲む

美味しい

Erlaubt ist, was knuspert und schmeckt.

Die Basics fürs Frittieren

揚げ物の紹介

HOORAY, IT'S フライ・デー FRY DAY!

Außen kross, innen zart und saftig – knusprig Gebackenes ist einfach unwiderstehlich. Dazu kommt, dass beim Frittieren die Aromen und Nährstoffe der Zutaten besonders gut erhalten bleiben. Fachgerecht durchgeführt geht das Garen im heißen Fett sogar als relativ fettarme Zubereitungsmethode durch.

Ob im Topf oder in der Fritteuse, damit sich der perfekte Crunch einstellt, braucht es ein unschlagbares Duo: Hitze und Fett. Während erstere das Innere des Lebensmittels gart und dafür sorgt, dass das in den Zellen enthaltene Wasser zugunsten einer knusprigen Kruste verdampft, stellt das Fett den gleichmäßigen direkten Kontakt zwischen Hitzequelle und Lebensmitteloberfläche sicher. Wir verraten dir alles, was du über das Dreamteam wissen musst.

GEEIGNETE FETTE

油

Beim Frittieren geht es richtig heiß her. Um sich dafür zu qualifizieren, müssen Fette hohen Temperaturen standhalten, ohne dabei Rauch zu bilden. Wie hitzestabil eine Fettsorte ist, lässt sich am sogenannten Rauchpunkt ablesen. Er gibt an, ab welcher Temperatur die flüchtigen Komponenten verdampfen. Wird es über den jeweiligen Rauchpunkt erhitzt, verbrennt das Fett, wobei schädliche Transfette entstehen können.

Für unsere crispy und crunchy Rezepte kommen daher ausschließlich tierische und pflanzliche Fette mit einem Rauchpunkt über 200 °C infrage. Hier einige bestens geeignete Kandidaten:

FETTSORTE	RAUCHPUNKT
Schweineschmalz	205 °C
Rinderfett	205 °C
Butterschmalz	205 °C
Rapsöl	205 °C
Helles Sesamöl	210 °C
Sonnenblumenöl	225 °C
Erdnussöl	230 °C
Reisöl / Reiskleieöl	250 °C

DIE RICHTIGE TEMPERATUR

Für crunchy Ergebnisse darf das Fett weder zu heiß noch zu kalt sein. Bei zu hohen Temperaturen verbrennt die Hülle, bevor das Innere gar ist. Zu niedrige Temperaturen verhindern das Bilden einer Kruste, wodurch sich das Frittiergut mit Fett vollsaugt und matschig statt knusprig wird. Als Richtwert gilt beim Frittieren eine Zieltemperatur von 170 bis 190 °C. Diese lässt sich mithilfe eines elektronischen Küchenthermometers messen oder direkt an der Temperaturanzeige der Fritteuse ablesen. Hat man beides nicht zur Hand, kann man sich mit einem Holzkochlöffel behelfen (siehe Seite 13).

Auch im Laufe der Zubereitung empfiehlt es sich, die Temperatur im Auge zu behalten, denn kalte Zutaten und große Mengen Frittiergut lassen das Fett nach und nach abkühlen. Deshalb Fett unbedingt erneut auf die gewünschte Temperatur bringen, bevor die nächste Portion auf Tauchstation geht.

FÜR DIE HITZE GEMACHT

Die Hitzestabilität eines Öls hängt nicht zuletzt davon ab, wie dieses gewonnen und verarbeitet wurde. Bei unter 45 °C kalt gepresste bzw. native Pflanzenöle weisen zwar mehr Aroma, dafür aber einen niedrigen Rauchpunkt auf. Sie sind ideal für Marinaden und Dressings und zum abschließenden Verfeinern von Speisen, für starkes Erhitzen jedoch ungeeignet. Raffinierten Ölen werden bei der Herstellung sämtliche hitzeempfindliche Stoffe entzogen, weshalb sie beim Kochen auch hohen Temperaturen standhalten. Sie sind weitgehend geschmacksneutral und aufgrund ihrer Verarbeitung lange haltbar.

Eine weitere Kategorie bilden High-Oleic-Bratöle, die ihren hohen Rauchpunkt dem stark erhöhten Ölsäureanteil speziell gezüchteter Sonnenblumen- und Distelsorten verdanken.

DIE NÖTIGE 調理器具 AUSRÜSTUNG

Alle Rezepte in diesem Buch lassen sich zu Hause unkompliziert ohne Fritteuse zubereiten. Während wir im Mochi mit einer Gastro-Fritteuse arbeiten, wurden alle Gerichte auf den Fotos im Kochtopf zubereitet. Mit den folgenden Utensilien bist du dafür perfekt gerüstet:

KOCHTOPF

Am besten eignen sich unbeschichtete Töpfe mit dickem Boden aus Gusseisen oder Edelstahl – sie speichern die Wärme besonders gut. Die Töpfe sollten breit (idealerweise 28–32 cm ø) und möglichst hoch (ca. 20 cm) sein, damit beim Frittieren nichts überschäumt und Fettspritzer abgefangen werden.

THERMOMETER

Ein elektronisches Küchenthermometer zeigt an, wann die optimale Fetttemperatur erreicht ist. Alternativ den Stiel eines Holzkochlöffels oder einen Holzspieß ins Fett halten – wenn ringsum Bläschen aufsteigen, ist das Fett heiß genug.

TIMER

Ob mit einem digitalen Küchentimer mit Sekundenanzeige oder dem Timer vom Handy – Hauptsache, du behältst die Garzeit im Blick.

ABTROPFGITTER

Frittiergut muss ausdampfen und abtropfen. Es gibt eigene Topfeinsätze für Tempura, aber ein Rost über einem Blech oder Teller genügt auch.

STÄBCHEN

Sauberes Arbeiten ist Trumpf. Mit Stäbchen oder einer Pinzette ziehst du Zutaten im Handumdrehen durch den Teig und legst sie anschließend direkt ins heiße Öl.

SCHAUMLÖFFEL

Mithilfe eines Schaum- oder Abseihlöffels mit möglichst feinem Gitter lassen sich selbst feine Teilchen wie Pankoflocken und Tempurateig aus dem heißen Fett fischen, bevor sie verbrennen. Auch zum Umrühren und Wenden von Frittiergut eignet er sich gut.

HAARSIEB

Benutztes Öl vor dem Abfüllen in Flaschen zur Aufbewahrung unbedingt filtern. Besonders gut eignet sich ein Haarsieb, aber es klappt auch mit einem Kaffeefilter.

必要な調理器具

DIE 7 GOLDENEN REGELN DES CRUNCH

1 Wähle deine Zutaten weise

In hitzestabilem Fett gebacken verwandeln sich fast alle Lebensmittel in knusprige Stars – vorausgesetzt, sie enthalten Wasser. Erst indem das in einer Zutat enthaltene Wasser im heißen Fett an der Oberfläche verdampft, bildet sich eine knusprige Kruste. Staubtrockene Zutaten würden dagegen einfach verkohlen. Bei besonders wasserhaltigem Gemüse und Obst verhindert ein Teigmantel zu starkes Spritzen, ansonsten genügt es, die Schnittflächen gründlich trocken zu tupfen. Sei dennoch immer vorsichtig und lasse die Zutaten ganz sachte in das heiße Öl gleiten.

2 Halte deine Hilfsmittel bereit

Beim Kochen mit Fett und Hitze kommt es auf das Timing an. Frittierkörbe, Siebe, Deckel, Schöpfkellen und Grillzangen oder Stäbchen deshalb am besten gleich zu Beginn bereitlegen. Dasselbe gilt für einen Rost oder ein Backblech mit Abtropfgitter und Küchenpapier zum Ablegen der Zutaten nach dem Frittieren. Um schmerz-hafte Fettspritzer zu vermeiden, sollten alle Utensilien trocken sein.

3 Behalte die Temperatur im Auge

Nur bei Fetttemperaturen zwischen 170 °C und 190 °C ist die Hitze gegeben, die das Innere durchgaren und die Oberfläche kross werden lässt. Die Temperatur lässt sich am besten mit einem Thermometer überprüfen. Bei Rezepten mit Tempurateig kannst du alternativ auch ein klein wenig Teig in das Öl tropfen lassen. Der Teig sollte bis zum Boden sinken und gleich wieder auftauchen.

4 Arbeite portionsweise

Das Verhältnis von Frittiergut zu Fett sollte 1:10 betragen – für 100 g Lebensmittel bist du also mit einem Liter Öl gut beraten. Dabei sollte der Topf maximal bis zur Hälfte gefüllt werden. Je mehr Stücke sich gleichzeitig im heißen Fett tummeln, desto stärker sinkt dessen Temperatur. Zutaten im Teigmantel brauchen etwas mehr Platz, damit sie sich beim Ausbacken nicht berühren und zusammenkleben. Daher bei Bedarf portionsweise arbeiten und das Frittiergut immer wieder mit einem Schaumlöffel im Fett bewegen oder wenden, damit es gleichmäßig gart.

5 Gib jeder Zutat ihre Garzeit

Je nach Größe und Form des Garguts können die Garzeiten einer Zutat unterschiedlich sein. Verlasse dich auf deine Augen und die Sinne: Ist die Kruste knusprig und goldbraun, ist das Gargut meist fertig. Bereitest du große Stücke zu und bist dir nicht sicher, ob wirklich alles perfekt gar ist, lasse die frittierten Stücke zur Sicherheit noch einige Minuten bei ca. 150 °C im Backofen nachziehen. Das ist besonders bei Geflügelfleisch wichtig. Gemüse darf ruhig noch knackig sein, ganz frischer Fisch muss nicht immer vollständig durchgegart werden.

Auch ein Fleischthermometer ist hilfreich:
Kerntemperatur Geflügel: ca. 80 °C
Kerntemperatur Schweinefilet: 58–62 °C
Kerntemperatur Fisch: 50–54 °C

6 Trenne dich von überschüssigem Fett

So essenziell Fett für den Knuspergenuss ist, so überflüssig und störend ist es am crispy Endprodukt. Darum Frittiergut nach dem Ausbacken immer gut über dem Topf oder der Fritteuse ausschütteln und auf einem Blech mit einem Abtropfgitter, in einem Sieb oder auf Küchenpapier abtropfen lassen.

7 Bewahre den Crunch

Frisch Gebackenes gibt auch nach dem Frittieren Dampf ab. Wird es gestapelt oder abgedeckt aufbewahrt, kondensiert dieser und macht die herrliche Knusprigkeit zunichte, dasselbe gilt auch fürs Warmhalten im Backofen. Stattdessen am besten 3–4 Minuten auf einem Abtropfgitter ausdampfen lassen. Das verhindert auch, dass die Zutaten unnötig viel Fett aufsaugen.

フライ・デー

AGEMONO FÜR 初心者 ANFÄNGER

Unter dem Begriff „Agemono“ werden in der japanischen Küche frittierte Speisen zusammengefasst. Je nachdem, ob und womit sich das Frittiergut vor dem Bad im heißen Fett in Schale wirft, unterscheidet man folgende vier Kategorien:

揚げ物

KARA-AGE

Frittieren von naturbelassenen oder marinierten Zutaten mit einem Mantel aus Stärke, Mehl oder Panko – z. B. Tori Karaage (Huhn), Agedashi Dofu (Tofu), Karei Karaage (Plattfisch).

KAWARI-AGE

Frittieren von Zutaten in Panaden – z. B. Tonkatsu (Schweinekotelett), Menchi Katsu (Hackfleischbratling), Furai (Meeresfrüchte), Korokke (Kroketten aus Erdäpfeln und Fleisch), Kushikatsu (frittierte Spießchen).

KOROMO-AGE

Frittieren von Zutaten in luftigem Backteig – z. B. Tempura (diverse Gemüse, Pilze, Fische und Meeresfrüchte), Kaki-age (geschnittene Meeresfrüchte und Gemüse).

SU-AGE

Frittieren von Zutaten ohne krustenbildenden Mantel oder Teig – z. B. Renkonchips (Lotuswurzel), Agebitashi (Melanzani), Daigaku Imo (Süßkartoffeln).

Schnitt für Schnitt zum perfekten Crunch

FLEISCH nicht zu dünn und nicht kleiner als walnussgroß schneiden, da die Stücke beim Garen sonst rasch austrocknen. Das gilt vor allem für mageres Fleisch wie Hühnchen.

FISCH sollte in möglichst gleich große und gleich schwere Stücke geschnitten werden. Auf diese Weise brauchen alle Stücke gleich lang, bis sie gar sind, und es gibt keine zu rohen bzw. zu dunklen Überraschungen.

GEMÜSE am besten so portionieren, dass sich eine möglichst große Fläche ergibt, an der Panade und Teig gut haften können. Melanzani und Zucchini beispielsweise schräg in Scheiben schneiden, Brokkoliröschen halbieren.

BACKTEIG

パン粉

PANADE

UNSERE MUST-HAVES FÜR ALLE FÄLLE

Crispy Prawns, Tori Karaage oder Katsudon – wer sich durch die beliebten Klassiker auf der Mochi-Speisekarte gegessen hat, weiß: Knusper ist nicht gleich Knusper. Ob es beim Reinbeißen verlockend knistert oder beherzt kracht, hängt vom jeweiligen Mantel ab.

Mehl und **Speisestärke** führen ohne Umwege zum Knuspergenuss. Die Formel für die Mehlmischungen im Mochi: 2 Teile Weizenmehl + 1 Teil Tapiokastärke + 1 Teil Kartoffelstärke. Für Geschmack sorgen Salz, Knoblauch- und Paprikapulver.
Damit die Mehlmischung besonders gut an den Zutaten haften bleibt, werden diese häufig in Buttermilch oder Sojasauce mariniert, bevor sie in der trockenen Mischung gewälzt werden.

Reismehl und **Maismehl** sind eine gute Wahl für trockene, knusprige Krusten. Generell liefern proteinarme Mehlsorten knusprigere Ergebnisse, weil sie durch den geringeren Glutengehalt weniger Feuchtigkeit und Fett aufnehmen. Ein ähnlicher Effekt lässt sich durch das Mischen von Weizenmehl und Speisestärke erzielen.

Panko, das japanische Paniermehl, wird aus Weißbrot ohne Rinde hergestellt. Die Flocken sind gröber als das bei uns gängige Paniermehl und machen Panaden besonders knusprig.

Eigelb und **Parmesan** geben nicht nur der Piccata Milanese das gewisse Etwas, auch andere Zutaten und japanische Gerichte profitieren von der würzigen Dotter-Parmesan-Masse.

Tempurateig besteht aus Mehl, Speisestärke und gegebenenfalls Backpulver. Der Schlüssel liegt im eiskalten Wasser, mit dem die Mehlmischung rasch zu einem glatten Teig geschlagen wird. Tempura ist eine hervorragende Zubereitungsmethode für zartes Gemüse und Obst: Der Teigmantel bildet beim Frittieren eine knusprige Hülle, die das empfindliche Innere vor der hohen Hitze abschirmt.

Bierteig wird klassischerweise mit Ei zubereitet und durch das Bier schaumiger als mit Wasser angerührter Backteig. Neben Fisch werden Gemüse und Obst gern darin ausgebacken.

Kadaifiteig wird in Griechenland und der Türkei gern verwendet. Er besteht aus vielen feinen Teigfäden, die auch als Engelshaar bekannt sind und beim Backen unwiderstehlich knusprig werden.

Reispapier eignet sich nicht nur als Hülle für Sommerrollen. Frittiert ergibt das „Papier“ aus Tapiokastärke und Reismehl den perfekten Knuspermantel.

揚げ物

Sicher in der Hitze des Gefechts

Wir wollen euch die Scheu vor dem Frittieren nehmen. Ein gewisses Maß an Respekt ist im Umgang mit heißem Fett aber allemal angebracht. Verglichen mit Wasser erreichen Fette und Öle beim Erhitzen wesentlich höhere Temperaturen. Damit ist auch die Verletzungsgefahr höher als beim Hantieren mit anderen Flüssigkeiten in der Küche. Hier die wichtigsten Tipps für den Crunch ohne Autsch.

Was mache ich, wenn …

救急処置

ERSTE 救急処置 HILFE

… DAS FETT ZU HEISS WIRD?
Solang sich kein Qualm bildet, besteht noch die Möglichkeit, die Fetttemperatur zu senken. Dazu entweder die Hitze reduzieren oder zusätzliches Öl auf Raumtemperatur nachgießen.

… DAS FETT ZU QUALMEN BEGINNT?
Steigt bereits Qualm auf, wurde der Rauchpunkt überschritten. Das Fett ist nun ungenießbar und muss entsorgt werden (siehe Tipp „Umweltfreundlich entsorgt“ auf Seite 25).

… SICH DAS FETT ENTZÜNDET?
Um einen Fettbrand zu löschen, muss man ihn von der Sauerstoffzufuhr abschneiden. Das gelingt, indem du ihn mit einem großen Deckel oder einer Löschdecke abdeckst. Am zuverlässigsten lässt sich ein Fettbrand mit einem Feuerlöscher der Klasse F ersticken. Achtung: Auf keinen Fall solltest du versuchen, entflammtes Fett mit Wasser zu löschen! Das Wasser würde explosionsartig verdampfen und entzündete Fetttröpfchen würden eine Stichflamme auslösen.

… ICH MICH VERBRANNT HABE?
Bereits kleine Fettspritzer auf der Haut sind schmerzhaft. Im Gegensatz zu anderen Flüssigkeiten speichert Fett die Hitze, sodass der Kontakt damit ausgeprägte Brandwunden nach sich ziehen kann. Daher gilt es, in Öl getränkte Kleidungsstücke möglichst rasch vorsichtig zu entfernen und die verletzte Haut mehrere Minuten unter fließendem kaltem Wasser oder mit einem Kühlpad zu kühlen. Kleine Brandwunden und -blasen lassen sich mit einem Brandgel aus der Apotheke behandeln. Als Wundschutz empfiehlt sich ein Verband mit steriler Wundauflage. Bei Zweifeln oder großflächigen Verbrennungen immer ärztliche Beratung in Anspruch nehmen.

Knusper ist nicht gleich Knusper.
料理
楽しむ
料理する
会食する
飲む
カリカリ
サクサク
美味しい

NACH DEM FRITTIEREN

FRITTIERFETT GUT AUFGEHOBEN

Wie auch für kaltgepresste oder native Öle gilt für Öle zum Frittieren: gut verschlossen vor Wärme und Licht geschützt im Küchenschrank oder in der Vorratskammer lagern.

WIEDERVERWENDEN MACHT FREUDE

Nach einer Runde in Topf oder Fritteuse hat Frittieröl noch lange nicht ausgedient. Abgekühlt durch ein Sieb oder einen Kaffeefilter geseiht und so von Essensresten gereinigt, hält es sich abgefüllt in Flaschen (für Öle) bzw. Frischhaltedosen (für Fette, die im kalten Zustand fest werden) prima bis zum nächsten Knuspereinsatz. Auf diese Weise lässt sich dasselbe Öl etwa sechsmal wiederverwenden. Dabei am besten auf die eigenen Sinne vertrauen: Riecht das Öl ranzig, schmeckt unangenehm oder beginnt beim Erhitzen schnell zu qualmen oder zu schäumen, dann wird es besser entsorgt.

UMWELTFREUNDLICH ENTSORGT

Das Öl hat dir knusprige Vergnügen beschert, seine besten Zeiten in der Fritteuse aber hinter sich? Dann ist es reif für den Restmüll. Einfach in die Originalflasche oder eine andere PET-Flasche abfüllen und gut verschlossen entsorgen. Größere Mengen Speiseöl sollten bei einem Recyclinghof abgegeben werden – die Sammelbehälter dafür erhältst du vor Ort. Im Abfluss, in der Toilette, im Biomüll oder auf dem Kompost hat altes Öl in jedem Fall nichts verloren.

IST VOR DEM FRITTIEREN

Erlaubt ist, was knuspert und schmeckt! Während sich in Japan ganze Restaurants auf Tempura oder Kushikatsu spezialisieren, schätzen wir die Abwechslung und das Spiel mit verschiedenen Zubereitungsarten, um aus jeder Zutat den maximalen Crunch herauszuholen. Deshalb findest du in diesem Buch neben Rezepten für gebackene warme Sehnsuchtsgerichte wie Crispy Calamari, Katsu Nasu und Kartoffelchips auch solche für knackig-frische Salate mit Spargel, Kohlgemüse, Tomaten oder Fenchel, knusprige Gyoza oder Crunchy Temaki. Unserem Verständnis nach muss crispy Essen nämlich weder superfettig sein noch schwer im Magen liegen, eines soll es aber in jedem Fall:
Spaß machen. Und zwar mit allen Sinnen.

スーパークランチ

Neben der japanischen Küche hat es noch ein anderes Kulturgut Japans zu weltweiter Beliebtheit gebracht: der Manga. Warum nicht beides vereinen, haben wir uns gedacht. Herausgekommen ist eine zehnteilige Manga-Story nach Vorbild der kunstvollen japanischen Comics, in der du Eddi auf seiner abenteuerlichen Suche nach dem ultimativen Supercrunch begleitest und mit ihm eine wertvolle Knusperlektion nach der anderen lernst.

DIE SUCHE NACH DEM SUPERCRUNCH

EPISODE 1
Der Automat

自動販売機

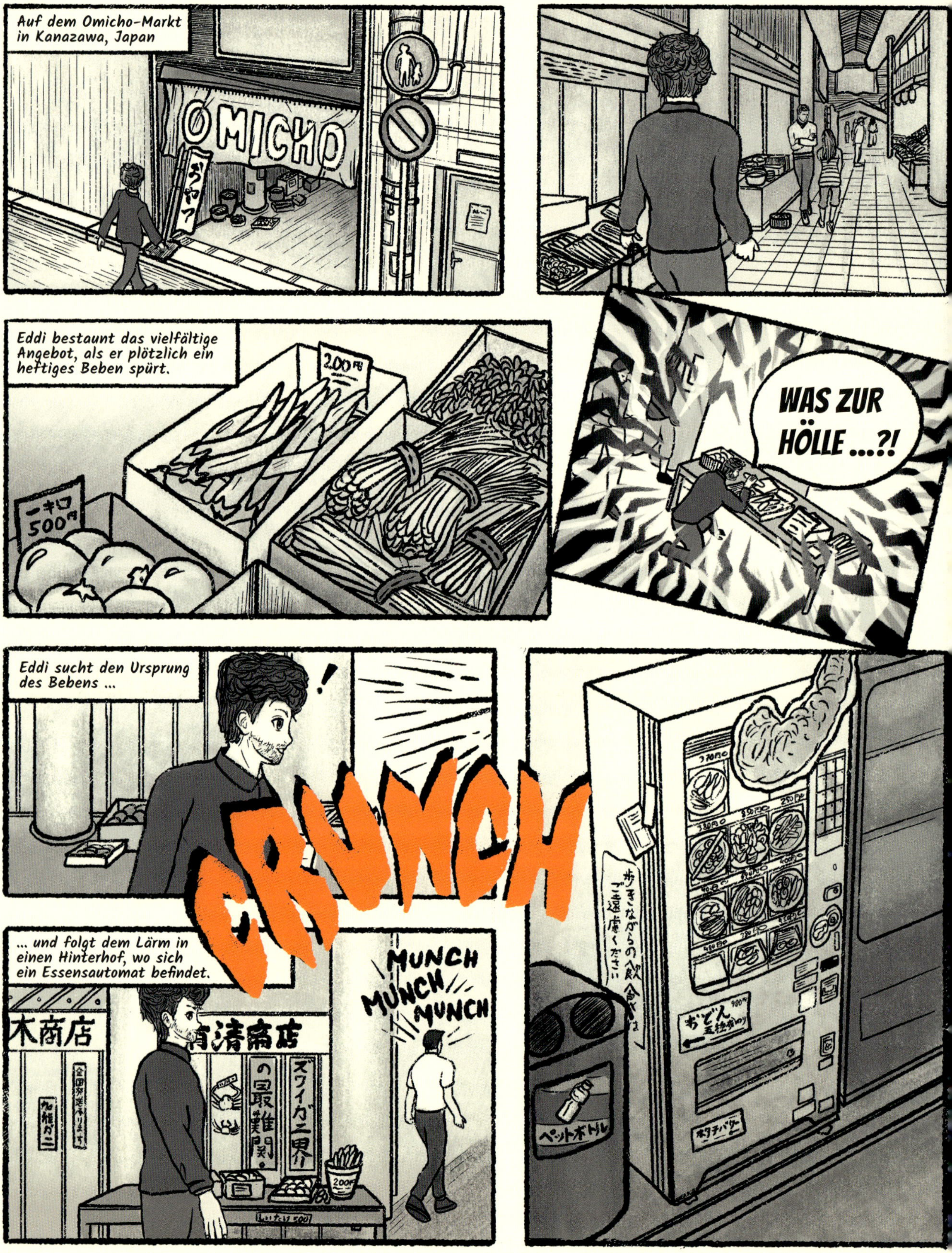

ddis aktuelle Japanreise führt ihn nach Kanazawa, die Hauptstadt der Präfektur Ishikawa. Eine seiner ersten Stationen ist wie so oft das Marktgebiet mit seinen üppig bestückten Verkaufsständen. Doch der entspannte Einkaufsbummel verläuft anders als geplant, als Eddi Zeuge eines ungeheuerlichen Ereignisses wird. Dann stößt er auch noch auf einen Automaten voller mysteriöser Spezialitäten. Der Auftakt zu einer Mission, die nicht nur Eddis Leben auf den Kopf stellen wird.

EPISODE 2

Der Zeitmesser

タイマー

Die Japanerinnen und Japaner verstehen ihr Handwerk – ob mit dem Schmiedeeisen, hinter der Töpferscheibe oder eben an der Fritteuse. In einem Kushiage-Laden unweit seines Appartements in Kanazawa begegnet Eddi einem wahren Meister seiner Zunft und findet heraus, welche unterschätzte „Zutat" es in Sachen Crunch niemals zu sparsam und keinesfalls zu großzügig zu dosieren gilt.

Weiter geht's auf Seite 66

フライ・デー

Wir lieben es zu teilen. Daher sind unsere Portionsgrößen meist so berechnet, dass gut mehrere Gerichte gemeinsam gegessen werden können. Wird nur ein Gericht zubereitet (oder ist der Hunger besonders groß), Mengen evtl. erhöhen. Gibt es hingegen eine Fülle an Köstlichkeiten, kann bei Bedarf auch weniger zubereitet werden. Wobei wir aus Erfahrung sagen können: Es bleibt selten etwas übrig.

Da das Abmessen mit der Waage genauer ist (und die Waage für die meisten Rezepte sowieso herausgeholt werden muss), haben wir uns entschieden, auch kleine Mengen in Gramm anzugeben. Besonders bei Gewürzen gilt aber: Ganz nach eigenem Geschmack darf mehr oder weniger verwendet werden.

ITADAKIMASU

Lasst uns essen!

いただきます

Nicht alle der verwendeten Produkte sind überall erhältlich. Gute Anlaufstellen sind asiatische Supermärkte oder Onlineshops. Auch in unserem eigenen Shoppu bieten wir viele außergewöhnliche Produkte an.

Zutaten, hinter denen ein * steht, sind im Mochi-Shoppu erhältlich!

Kursiv gesetzte Begriffe in den Rezepten verweisen auf das Glossar. Dort gibt es weitere Informationen zu den Zutaten.

Gemüse, Obst, Kräuter und Salat vor der Verwendung stets gut waschen und trocken tupfen und bei Bedarf putzen und/oder schälen. Pilze nicht waschen, sondern wenn nötig trocken sauber reiben.

Wird die Schale von Zitrusfrüchten benötigt, Bio- oder ungespritzte Früchte verwenden.

Fisch, Meeresfrüchte und Fleisch kalt abspülen und gut trocken tupfen, je nach verwendetem Produkt von Schalen, Innereien und Gräten (Fisch und Meeresfrüchte) oder Sehnen und Fett (Fleisch) befreien.

スターター
STARTER

CRISPY CALAMARI

カラマリ・ブラック ガーリックアイオリ

4 Portionen

BLACK GARLIC AIOLI

100 g Knoblauch
100 g Pflanzenöl
100 g Schweinefett
300 g Mayonnaise (siehe Seite 193)

CALAMARI

1 kg Calamari
ausreichend Öl zum Frittieren
75 g Weizenmehl
75 g Kartoffelstärke
75 g Tapiokastärke
5 g *Shichimi Togarashi*
Fleur de Sel

TIPP

Da es schwierig ist, nur die benötigte Menge der Knoblauchmasse für die Aioli zuzubereiten, bleibt ein Teil davon übrig. Sie hält sich jedoch im Kühlschrank ca. 9 Monate.

1. Für die Aioli Knoblauch schälen, mit Öl in einen Topf geben und bei mittlerer Hitze schwarz werden lassen. Das kann bis zu 1 Stunde dauern, währenddessen ab und zu mit einem Löffel umrühren und darauf achten, dass das Öl nicht zu rauchen beginnt (Temperatur bei Bedarf anpassen). Anschließend das Schweinefett mit einem Pürierstab unter Öl und Knoblauch mixen. 30 g der Masse mit der Mayonnaise glatt rühren.

2. Calamari von der Haut befreien und in fingerdicke Ringe schneiden, die Tentakel ganz lassen. Öl in einem Topf auf 180 °C erhitzen. Weizenmehl, Kartoffelstärke, Tapiokastärke, Shichimi Togarashi und etwas Fleur de Sel in einer großen Schüssel gründlich vermengen. Calamari nach und nach in der Mehlmischung wenden, bis sie rundum damit überzogen sind. Im heißen Öl goldbraun frittieren. Herausheben und abtropfen lassen.

3. Calamari mit Fleur de Sel würzen und heiß und knusprig mit der Aioli servieren.

BURRATA & BING BREAD

ストラッチャテッラディ・ブッラータ バジル

4 Portionen

BING BREAD

150 g Weizenmehl (Type 550)
3 g Zucker
2 g Salz
6 g frische Hefe
85 g Wasser
6 g Honig
10 g Traubenkernöl
ausreichend Öl zum Frittieren

BURRATA

200 g Stracciatella di Burrata (in feine Fäden gerissener und mit Sahne vermischter Mozzarella)

Basilikumöl (siehe Kräuteröl auf Seite 195) zum Beträufeln

1. Für die Bing Breads trockene Zutaten in einer Schüssel mischen. Hefe im Wasser auflösen, dann mit allen anderen Zutaten außer Frittieröl zur Mehlmischung geben. Mit einer Küchenmaschine auf mittlerer Stufe 10–12 Minuten kneten. Schüssel mit Frischhaltefolie abdecken und den Teig 30–60 Minuten auf das doppelte Volumen aufgehen lassen.
2. Backofen auf 40 °C vorheizen. Teig in 10 gleich große Stücke teilen. Zu Kugeln schleifen (d. h. in der hohlen Hand durch kreisförmige Bewegungen auf der Arbeitsfläche rund formen), auf ein mit Backpapier ausgelegtes Blech legen und etwas flach drücken. 60–80 Minuten im warmen Backofen gehen lassen.
3. Öl in einem Topf auf 180 °C erhitzen. Teigkugeln in Mehl wenden, anschließend formen: Dazu mit den Fingern von innen nach außen ziehen, dabei einen etwas dickeren Rand formen. Bing Breads von beiden Seiten 2–3 Minuten im heißen Öl frittieren. Herausheben und abtropfen lassen.
4. Stracciatella di Burrata mit Basilikumöl beträufeln und mit den Bing Breads servieren.

SEA BREAM CEVICHE

4 Portionen

CEVICHE

2 Orangen
ausreichend Öl zum Frittieren
360 g Doradenfilet
20 g geröstete, gesalzene Maiskörner
Mizunakresse zum Servieren
Korianderkresse zum Servieren
Korianderöl (siehe Kräuteröl auf Seite 195) zum Beträufeln

EINGELEGTE WEINTRAUBEN

100 g Weintrauben
40 g Jalapeño
100 g Reisessig
100 g Zucker

MARINADE

200 g frisch gepresster Orangensaft
100 g frisch gepresster Limettensaft
80 g *Yuzusaft*
150 g Mais (Dose)
20 g brauner Zucker
10 g Salz
10 g Aji-Amarillo-Paste (peruanische gelbe Chilipaste)

1. Für das Ceviche Schale der Orangen in großen Zesten abziehen bzw. mit einem Sparschäler abschälen, dann in Streifen schneiden. 15 Minuten in heißem Wasser blanchieren. Abseihen und auf Küchenpapier vollständig trocknen lassen.

2. Öl in einem Topf auf 160 °C erhitzen. Orangenschale darin knusprig frittieren. Herausheben und abtropfen lassen.

3. Weintrauben längs halbieren und bei Bedarf entkernen. Jalapeño in grobe Stücke schneiden. Reisessig, Zucker und Jalapeño in einem Topf aufkochen und über die Weintrauben gießen. Mindestens 1 Stunde ziehen lassen.

4. Für die Marinade alle Zutaten fein pürieren, durch ein feines Sieb abseihen und auffangen.

5. Doradenfilet in ca. 7 mm dicke Scheiben schneiden, auf Tellern auslegen und eine großzügige Menge Marinade dazugeben. Mit eingelegten Weintrauben, gerösteten Maiskörnern, Kresse und Orangenschalen-Chips anrichten und mit Korianderöl beträufeln.

CRISPY SKIN GYOZA

4 Portionen

GYOZA

150 g Chinakohl
5 g Ingwer
1 Knoblauchzehe
30 g Nira (Schnittknoblauch, ersatzweise Schnitt- oder Bärlauch)
250 g Gehacktes vom Schwein
weißer Pfeffer aus der Mühle
10 g *Sojasauce*
10 g *Sake*
50 Gyozablätter

CRUNCH

200 g Sonnenblumenöl
60 g Weizenmehl
400 g Wasser
Salz

SAUCE

100 g *Sojasauce*
45 g Reisessig
1 Schuss Chili- oder dunkles *Sesamöl*

1. Für die Gyoza Chinakohl in feine Streifen schneiden. Ingwer und Knoblauch schälen und reiben. Schnittknoblauch in feine Ringe schneiden. Alles mit Hackfleisch, Pfeffer, Sojasauce und Sake vermischen.

2. Je 1 TL der Füllung in die Mitte jedes Gyoza-Teigblatts geben. Ränder mit Wasser befeuchten und die Teigblätter zu Halbmonden zusammenklappen. Ränder mit den Fingern fest andrücken, um sicherzustellen, dass sie gut versiegelt sind.

3. Für den Crunch Öl mit Mehl, Wasser und Salz mit einem Pürierstab vermischen.

4. So viel Teig in eine heiße beschichtete Pfanne geben, dass der Boden bedeckt ist. Einige Gyoza daraufsetzen, Hitze reduzieren und so lange braten, bis das Wasser verdunstet und der Teig knusprig ist. Wiederholen, bis der gesamte Teig und alle Gyoza zubereitet sind.

5. Für die Sauce alle Zutaten verrühren und zu den Knusper-Gyoza servieren.

TIPPS

Heiß schmecken die Gyoza am besten, daher sofort nach dem Braten servieren und miteinander teilen, übrige Portionen dann nach und nach zubereiten und auftragen.

Sollte Teig übrig bleiben, diesen wie beschrieben braten und als Crunch zu Salat servieren.

FENNEL SALAD

フェンネル
クレメンティン
生姜

4 Portionen

FENCHEL

2 Fenchelknollen

3 Clementinen

100 g Sushi-Ingwer

ausreichend Öl zum Frittieren

50 g Pinienkerne

200 g Salzlakenkäse aus Ziegenmilch

Dillöl (siehe Kräuteröl auf Seite 195) zum Beträufeln

YUZU-CLEMENTINEN-DRESSING

40 g Aji-Amarillo-Paste (peruanische gelbe Chilipaste)

60 g Reisessig

30 g helle *Sojasauce*

10 g Clementinensaft

10 g Einlegeflüssigkeit vom Sushi-Ingwer

12 g *Yuzusaft*

10 g Agavendicksaft

40 g Traubenkernöl

1. Für den Fenchel die Fenchelknollen in feine Streifen schneiden oder hobeln. Fenchelgrün fein schneiden. Clementinen schälen und in dicke Scheiben schneiden.

2. Sushi-Ingwer auf Küchenpapier abtropfen lassen. Öl in einer Pfanne auf 140 °C erhitzen und den Ingwer darin langsam knusprig frittieren. Herausheben und abtropfen lassen. Pinienkerne ohne Fett in einer Pfanne goldbraun rösten. Ziegenkäse zerbröseln.

3. Für das Dressing alle Zutaten bis auf das Traubenkernöl in einer Schüssel mischen. Öl nach und nach mit einem Schneebesen hineinrühren.

4. Fenchel und Clementinen vorsichtig mit dem Dressing vermischen. Fenchelsalat mit Ziegenkäse, Pinienkernen und Ingwerchips anrichten, mit Dillöl beträufeln.

EBI HA GAO

4 Portionen

GARNELENCHIPS

15 g Salz
5 g weißer Pfeffer aus der Mühle
200 g Tapiokastärke
200 g geschälte Garnelen
ausreichend Öl zum Frittieren

GOMA-SAUCE

10 g Ingwer
100 g Tahina
20 g weißer Sesam
60 g Zucker
5 g Salz
30 g *Sojasauce*
60 g Reisessig
30 g dunkles *Sesamöl*

TEIGTASCHEN

200 g geschälte Garnelen
10 g Ingwer
5 g Salz
5 g Shiitakepulver
15 g helles *Sesamöl*
40–50 Ha-Gao-Teigblätter
schwarzer, weißer, Kimchi-* und Yuzu-Sesam* zum Garnieren

1. Für die Garnelenchips 125 g Wasser, Salz und Pfeffer zum Kochen bringen. Tapiokastärke in eine Schüssel sieben, das kochende Wasser eingießen und alles rasch mit einem Holzlöffel verrühren. Garnelen grob hacken und unter die Mehlmasse kneten, bis ein fester, homogener Teig entstanden ist. Garnelenmasse zu Rollen von ca. 2,5 cm ø formen und 45 Minuten dämpfen. Teigrollen an einem kühlen Platz 2 Tage trocknen lassen.
2. Getrocknete Teigrollen in dünne Scheiben schneiden. Auf Blechen auslegen und 1 Tag weitertrocknen lassen, bis sie alle Feuchtigkeit verloren haben.
3. Öl in einem Topf auf 180 °C erhitzen. Teigscheiben darin goldbraun frittieren. Herausheben und abtropfen lassen.
4. Für die Sauce Ingwer schälen und grob schneiden. Mit den restlichen Zutaten glatt rühren.
5. Für die Teigtaschen Garnelen grob scheiden. Ingwer schälen und fein hacken. Garnelen, Ingwer, Salz, Shiitakepulver und Sesamöl in eine Schüssel geben und mit den Händen gründlich verkneten. Die Masse auf den Ha-Gao-Blättern verteilen. Zu kleinen Säckchen formen, dabei die Ränder mit Wasser verschließen.
6. Teigtaschen in einem Dämpfeinsatz 4–5 Minuten dämpfen. Mit Goma-Sauce und Garnelenchips anrichten und mit Sesam garnieren.

GRILLED KIMCHI

キャベツ・キムチ
ヴェルジュ

4 Portionen

KOHLMARINADE

40 g Verjus (Saft unreifer Trauben)
15 g Zucker
5 g Salz

SALAT

800 g Weißkohl
80 g Apfel (Granny Smith)
80 g Radieschen
40 g Frühlingszwiebeln
20 g Korianderkresse
40 g Röstzwiebeln
20 g dunkles *Sesamöl*

KIMCHIMARINADE

40 g Kimchi Base (scharfe Chilisauce für Kimchi)
10 g naturtrüber Apfelsaft
10 g Zitronensaft
10 g Knoblauchhonig (siehe Seite 193)

1. Für die Kohlmarinade Verjus, 80 g Wasser, Zucker und Salz in einem Topf kurz aufkochen. Vom Herd nehmen und kalt stellen.
2. Für den Salat Weißkohl in 2 mm feine Streifen hobeln und mindesten 5 Stunden in der kalten Kohlmarinade einlegen.
3. Für die Kimchimarinade alle Zutaten verrühren.
4. Weißkohl gut abtropfen lassen. Anschließend in einer Grillpfanne heiß und kurz angrillen (noch besser schmeckt es vom Holzkohlegrill). In eine Schüssel geben und die Kimchimarinade behutsam untermengen.
5. Apfel entkernen und in sehr feine Stifte schneiden. Radieschen ebenfalls in sehr feine Stifte, Frühlingszwiebeln in feine Ringe schneiden. Marinierten Weißkohl anrichten, mit Radieschen, Frühlingszwiebeln, Apfel, Kresse und Röstzwiebeln garnieren und mit Sesamöl beträufeln.

IWASHI KARAAGE

4 Portionen

YUZU-KOSHO-SAUCE

200 g Mayonnaise (siehe Seite 193)
50 g *Yuzu Kosho*
20 g *Sojasauce*
12 g Zucker

SARDINEN

1 Knoblauchzehe
5 g Ingwer
2 Eier
15 g *Sojasauce*
Salz
schwarzer Pfeffer aus der Mühle
ausreichend Öl zum Frittieren
Weizenmehl zum Wenden
500 g Sardinen
80 g Panko
Zitronenspalten zum Servieren

1. Für die Yuzu-Kosho-Sauce alle Zutaten verrühren.

2. Für die Sardinen Knoblauch schälen und fein hacken. Ingwer schälen und reiben. Eier, Sojasauce, Knoblauch, Ingwer, Salz und Pfeffer verquirlen.

3. Öl in einem Topf auf 170 °C erhitzen. Sardinen in Mehl wenden, dann in die Eier-Sojasaucen-Mischung tauchen und schließlich in Panko wälzen, dieses dabei gut andrücken. Im heißen Öl goldbraun frittieren. Herausheben, abtropfen lassen und salzen.

4. Sardinen anrichten und mit der Yuzu-Kosho-Sauce und Zitronenspalten servieren.

BEEF TARTARE & RICE CRISP

4 Portionen

NORI-REISCRACKER

ausreichend Öl zum Frittieren
5 Reispapierblätter
Salz
Aonori zum Bestreuen

TATAR

600 g Rinderfilet
¼ Bund Schnittlauch
1 Apfel (Granny Smith)

YUZU-PFEFFER-MARINADE

80 g *Yuzusaft*
80 g Olivenöl
20 g Limettensaft
60 g Zucker
60 g *Sojasauce*
2 g geschroteter Pfeffer

1. Für die Cracker Öl in einem Topf auf 190–200 °C erhitzen. Reispapier darin knusprig frittieren. Herausheben, abtropfen lassen und salzen. Mit Aonori bestreuen.

2. Für das Tatar Rinderfilet mit einem scharfen Messer von den Sehnen befreien. Das Fleisch in möglichst dünne Scheiben, dann in dünne Streifen, anschließend in feine Würfel schneiden. Das Tatar soll noch Textur und Biss haben. Apfel entkernen und in feine Stifte schneiden. Schnittlauch in sehr feine Ringe schneiden.

3. Für die Marinade alle Zutaten in einer Schüssel verrühren.

4. Tatar mit der Marinade abschmecken. Schnittlauch unterheben. Tatar mit Apfelstiften und Crackern anrichten.

EBI HEDGEHOG

4 Portionen

YUZU-KNOBLAUCH-MISO-BUTTER

5 g Knoblauch
5 schwarze Pfefferkörner
100 g weiche Butter
50 g Shiro *Miso*
10 g *Yuzusaft*
15 g *Sojasauce*
25 g Traubenkernöl

YUZU-CHIMICHURRI

½ Bund Koriander
½ Bund Petersilie
10 g Ingwer
1 Knoblauchzehe
5 g *Yuzu Kosho*
5 g *Yuzuschale*
100 g Traubenkernöl
Fleur de Sel

GARNELEN

15 g Ingwer
15 g rote Peperoni
400 g geschälte Garnelen
10 g *Sake*
10 g dunkles *Sesamöl*
5 g Fischsauce
10 g *Sojasauce*
5 g Shiitakepulver
ausreichend Öl zum Frittieren
400 g Somen-Nudeln

1. Für die Butter Knoblauch schälen und fein hacken. Pfefferkörner grob mahlen oder zerstoßen. Butter in einer Schüssel mit einem Handrührgerät schaumig schlagen. Mit allen anderen Zutaten vermischen. Gut durchkühlen lassen und anschließend zu kleinen Kügelchen formen.

2. Für das Chimichurri Korianderblätter und -stiele fein hacken. Petersilienblätter fein hacken. Ingwer schälen und fein reiben. Knoblauch schälen und fein hacken. Koriander, Petersilie, Ingwer, Knoblauch, Yuzu Kosho und Yuzuschale in eine Schüssel geben und mit Traubenkernöl zu einer homogenen Masse verrühren. Mit Fleur de Sel abschmecken.

3. Für die Garnelen Ingwer schälen und hacken. Peperoni hacken. Garnelen in einem Blitzhacker grob zerkleinern und mit Ingwer, Peperoni, Sake, Sesamöl, Fischsauce, Sojasauce und Shiitakepulver vermischen. Portionieren und um die Butterkugeln herum zu Bällchen formen.

4. Öl in einem Topf auf 170 °C erhitzen. Somen-Nudeln in die Garnelenbällchen stecken, sodass diese wie Igel aussehen. Garnelenigel im heißen Öl frittieren, bis sie goldbraun und durchgegart sind. Herausheben, abtropfen lassen und mit Yuzu-Chimichurri servieren.

吟釀酒

DEER TATAKI

4 Portionen

REH

150 g Fischsauce
150 g Austernsauce
400 g Rehrücken ohne Knochen
1 Frühlingszwiebel
Butterschmalz zum Braten

PONZU-SAUCE

60 g *Sojasauce*
60 g Ponzu (siehe Seite 193)
50 g Orangensaft
30 g Limettensaft
20 g Zitronensaft
20 g *Mirin*
40 g dunkles *Sesamöl*
10 g brauner Zucker
10 g Ingwer
10 g Knoblauch
10 g rote Peperoni

KOHLRABI

1 Kohlrabi
50 g Reisessig
30 g Zucker
1 g Salz

KNOBLAUCH-CHIPS

10 Knoblauchzehen
ausreichend Öl zum Frittieren

1. Für das Reh Fisch- und Austernsauce verrühren. Rehrücken darin einlegen und mindestens 5 Stunden, am besten über Nacht im Kühlschrank marinieren.

2. Für die Ponzu-Sauce Sojasauce, Ponzu, Orangen-, Limetten- und Zitronensaft, Mirin, Sesamöl und Zucker zu einem Dressing verrühren. Ingwer und Knoblauch schälen und sehr fein würfeln, Peperoni ebenfalls in sehr feine Würfel schneiden. Zur Sauce geben und gut verrühren.

3. Kohlrabi schälen und in sehr feine Scheiben schneiden oder hobeln. Reisessig, 100 g Wasser, Zucker und Salz in einer Schüssel verrühren, Kohlrabischeiben darin mindestens 10 Minuten marinieren.

4. Für die Knoblauch-Chips Knoblauch schälen und in feine Scheiben schneiden. Mit Öl in einen Topf geben und das Öl langsam auf 170 °C erhitzen. Sobald sie golden sind, Knoblauch-Chips herausheben, damit sie nicht bitter werden. Abtropfen lassen.

5. Frühlingszwiebel in feine Ringe schneiden. Rehrücken aus der Marinade nehmen und trocken tupfen. Butterschmalz in einer Pfanne schmelzen, Rehrücken darin rundum kurz anbraten. In 3–4 mm dünne Scheiben schneiden.

6. Kohlrabischeiben aus der Marinade heben und zu Röllchen formen. Auf der Ponzu-Sauce anrichten, mit Rehtataki belegen und mit Frühlingszwiebel und Knoblauch-Chips garnieren.

NORI OKRA TACO

4 Portionen

WASABIMAYONNAISE

200 g Mayonnaise (siehe Seite 193)
20 g Wasabipaste
5 g Reisessig

TACOS

ausreichend Öl zum Frittieren
8 Okraschoten
Tempurateig 3 (siehe Seite 195)
4 *Noriblätter*
8 *Shisoblätter*
Wasabi Kizami (Mischung aus Wasabiwurzeln und -blättern, meist tiefgekühlt erhältlich) zum Servieren

TIPP

Vor dem Servieren können die Tacos mit etwas Essigpulver bestreut werden – für eine feine säuerliche Note.

1. Für die Mayonnaise alle Zutaten glatt rühren.

2. Für die Tacos Öl in einem Topf auf 180 °C erhitzen. Enden der Okraschoten abschneiden, Schoten durch den Tempurateig ziehen und im heißen Öl goldbraun und knusprig frittieren. Herausheben und abtropfen lassen.

3. Noriblätter halbieren. Jedes Norirechteck mit etwas Wasabimayonnaise bestreichen. Mit je 1 Okraschote belegen. Vorsichtig zu Tacos falten (bei Bedarf mit Zahnstochern fixieren), auf Shisoblättern anrichten und mit Wasabi Kizami und Wasabimayonnaise servieren.

MISO CAESAR SALAD

ロメインレタス・みそ
パルメザンチーズ

4 Portionen

110 g Shiro *Miso*

1 kleine Knoblauchzehe

20 g Kapern

5 g Sardellen in Öl

200 g Mayonnaise (siehe Seite 193)

70 g Joghurt

30 g *Dashi* (siehe Seite 193)

7 g Dijonsenf

40 g frisch geriebener Parmesan + Parmesanspäne zum Bestreuen

2 Römersalate

1. 100 g Miso mit einer Palette dünn auf Backpapier streichen und ca. 6 Stunden bei 45 °C im Ofen oder Dörrgerät trocknen lassen. Anschließend auskühlen lassen und in Stücke brechen.
2. Knoblauch schälen und grob hacken. Die Hälfte der Kapern und die Sardellen ebenfalls grob hacken. Aus Mayonnaise, Joghurt, 10 g Miso, Dashi und Senf eine Marinade anrühren. Gehackte Zutaten und geriebenen Parmesan unterrühren und fein pürieren.
3. Salatblätter von den Strünken lösen, mit der Miso-Parmesan-Mayonnaise marinieren und mit restlichen Kapern und Misocrunch anrichten. Mit Parmesanspänen bestreuen.

TIPPS

Der Misocrunch kann auch aus anderen Misosorten zubereitet werden.

Für einen Extracrunch einige Kapern bei 170 °C frittieren und über den Salat streuen.

領収書

CRISPY KALE SALAD

4 Portionen

CRISP & CRUNCH

200 g Rosenkohl
200 g Grünkohl
40 g Kumquats
20 g Haselnüsse
ausreichend Öl zum Frittieren

LIMETTENDRESSING

1 Knoblauchzehe
2 unbehandelte Limetten
30 g Fischsauce
15 g dunkles *Sesamöl*
15 g Zucker
15 g Knoblauchhonig (siehe Seite 193)
1 Prise *Shichimi Togarashi*

1. Für Crisp & Crunch Strünke von den Rosenkohlköpfen entfernen, die Röschen gegebenenfalls halbieren oder vierteln. Grünkohlblätter von den Mittelrippen zupfen. Kumquats halbieren, entkernen und in kleine Stücke schneiden.

2. Haselnüsse in einer Pfanne 7–10 Minuten ohne Fett bei mittlerer Hitze unter Rühren rösten.

3. Für das Dressing Knoblauch schälen und fein hacken. Schale der Limetten abreiben, den Saft auspressen. Fischsauce, Sesamöl, Zucker, Honig und Shichimi Togarashi verrühren, bis sich Honig und Zucker aufgelöst haben. Knoblauch, Limettensaft und -schale hinzugeben.

4. Öl in einem Topf auf 180 °C erhitzen. Rosen- und Grünkohl darin frittieren. Herausheben und abtropfen lassen.

5. Rosen- und Grünkohl in einer großen Schüssel vorsichtig mit dem Limettendressing marinieren, Kumquats und Haselnüsse untermischen und sofort heiß servieren.

CRISPY ENOKI SALAD

4 Portionen

YUZU MAPLE DRESSING

40 g *Yuzusaft*
40 g Reisessig
20 g Ahornsirup
40 g *Sojasauce*
50 g Olivenöl
50 g Traubenkernöl
Shichimi Togarashi zum Würzen

SALAT

½ Gurke
ausreichend Öl zum Frittieren
200 g Enokipilze
Weizenmehl zum Bestreuen
Tempurateig 3 (siehe Seite 195)
Fleur de Sel
400 g gemischter Salat (z. B. Babyspinat, Mizuna, junge Blattsalate, Blutampfer)
Shisokresse und Dill zum Garnieren

1. Für das Dressing Yuzusaft, Reisessig, Ahornsirup und Sojasauce mit dem Schneebesen verrühren. Beide Ölsorten in dünnem Strahl langsam zugießen und unterrühren. Mit Shichimi Togarashi abschmecken.
2. Für den Salat Gurke längs in feine Scheiben hobeln.
3. Öl in einem Topf auf 180 °C erhitzen. Enokipilze leicht mit Mehl bestreuen und dünn mit dem Tempurateig bepinseln. Im heißen Öl goldgelb frittieren. Herausheben, abtropfen lassen und salzen.
4. Salate mit dem Dressing marinieren. Gurkenscheiben vorsichtig unterheben. Mit Kresse, Dill und Pilzen anrichten und servieren.

松山城
人 数
2名
枝豆
とり
もつ焼き
牛もつ煮込み
ししとう
¥1,100
¥350
¥360
¥160

EPISODE 3
Der Brief

Seit Eddi seine Crispy & Crunchy Kochkurse in der KŌBŌ Kochwerkstatt veranstaltet, sind alle Termine bis auf den letzten Platz ausgebucht. Nichts geht über den Moment, in dem die Teilnehmenden nach getaner Arbeit beim Genießen ihrer Kreationen den ganzen Raum mit wummerndem Knuspern erfüllen. An sein Erlebnis auf dem Omisho-Markt und den ungewöhnlichen Automaten denkt Eddi schon lange nicht mehr. Bis ihn eines Tages eine geheimnisvolle Nachricht aus Japan ereilt …

EPISODE 4
Die Mission

ミッション

In der Hoffnung, doch noch hinter das Geheimnis des Knusperautomaten zu kommen, folgt Eddi der Aufforderung aus dem anonymen Brief und reist erneut nach Japan. Er kehrt zurück in den Hinterhof, in dem er damals die Macht des Crunch zum ersten Mal gespürt hat. Doch statt goldbrauner Köstlichkeiten erwartet Eddi eine aufgelöste junge Japanerin mit einem besonderen Auftrag.

Weiter geht's auf Seite 106

SOFTSHELL CRAB CEVICHE

ソフトシェル・クラブ
甘酢・ポン酢

4 Portionen

AMAZU-PONZU-SAUCE

100 g Ponzu (siehe Seite 193)
30 g Reisessig
20 g Zucker
ca. 20 g Aji-Amarillo-Paste (peruanische gelbe Chilipaste)

KREBSE

½ rote Zwiebel
1 rote Peperoni
ausreichend Öl zum Frittieren
4 Butterkrebse
Kartoffelstärke zum Wenden
Fleur de Sel
Shichimi Togarashi zum Würzen
Shiso-Öl (siehe Kräuteröl auf Seite 195) zum Beträufeln
Shisoblätter zum Garnieren
Chiliflocken zum Garnieren

1. Für die Sauce Ponzu, 50 g Wasser, Reisessig und Zucker in eine Schüssel geben und verrühren, bis sich der Zucker aufgelöst hat. Aji-Amarillo-Paste nach Geschmack hinzugeben.

2. Für die Krebse Zwiebel schälen und in feine Streifen schneiden. Mindestens 10 Minuten in kaltes Wasser einlegen. Peperoni in feine Ringe schneiden und ebenfalls wässern.

3. Öl in einem Topf auf 170 °C erhitzen. Die Butterkrebse rundum in der Kartoffelstärke wenden und im heißen Öl goldbraun frittieren. Herausheben und abtropfen lassen. Mit Fleur de Sel und Shichimi Togarashi würzen.

4. Die Butterkrebse halbieren und aufrecht in einer Schüssel anrichten. Mit Amazu-Ponzu-Sauce aufgießen und mit Shiso-Öl beträufeln. Mit Shisoblättern, abgetropften Zwiebeln, Peperoni und Chiliflocken garnieren.

SMASHED CUCUMBER

きゅうり・チリ
クランチ・ピーナッツ

2 Portionen

4 Minigurken
Salz
4 Knoblauchzehen
30 g *Sojasauce*
10 g schwarzer Reisessig (chinesischer Reisessig)
30 g dunkles *Sesamöl*
5 g Zucker
40-60 g Chilicrunch (siehe Seite 194)
60 g geröstete, gesalzene Erdnüsse
60 g Röstzwiebeln

1. Gurken der Länge nach halbieren. Mit der flachen Seite eines Messers oder mit einem Fleischklopfer durch leichte Schläge zerdrücken. Dann mit den Händen auseinanderreißen und in mundgerechte Stücke brechen. (Alternativ in noch zusammenhängende Scheiben schneiden und auffächern.)
2. Gurken in eine Schüssel geben, leicht salzen und 10 Minuten ziehen lassen. In einem Sieb abtropfen lassen.
3. Währenddessen Knoblauch schälen, reiben und mit Sojasauce, Essig, Sesamöl, Zucker und Chilicrunch verrühren. Erdnüsse hacken.
4. Gurken mit dem Chilicrunch-Dressing marinieren und mit Erdnüssen und Röstzwiebeln bestreuen.

ASPARAGUS TEMPURA

アスパラ・味噌オランデーズオリーブ

4 Portionen

CRISP & CRUNCH

1 Handvoll schwarze Oliven ohne Kern

ausreichend Öl zum Frittieren

12 Stangen grüner Spargel

Kartoffelstärke zum Wenden

Tempurateig 1 (siehe Seite 195)

100 g Panko

Fleur de Sel

MISO-SAUCE-HOLLANDAISE

3 Eigelb

60 g Saikyo *Miso*

50 g Limettensaft

50 g Geflügel- oder Gemüsebrühe

200 g flüssige Butter (oder Nussbutter, siehe Schritt 2 auf Seite 82)

Salz

schwarzer Pfeffer aus der Mühle

fein abgeriebene Schale einer Limette

1. Für Crisp & Crunch Oliven nebeneinander auf ein mit Backpapier ausgelegtes Backblech legen und 7–8 Stunden bei 95 °C im Backofen trocknen lassen. (Alternativ ein Dörrgerät verwenden.) Anschließend ganz fein hacken.

2. Für die Miso-Sauce-hollandaise Eigelb mit Miso, Limettensaft und Brühe in eine Schüssel geben und über heißem Wasserdampf aufschlagen. Hat die Masse eine Temperatur von ca. 78 °C erreicht (mit einem Thermometer prüfen), die Schüssel vom Wasserbad nehmen und die flüssige Butter unterschlagen. Mit Salz, Pfeffer und Limettenschale abschmecken.

3. Öl in einer Pfanne auf 180 °C erhitzen. Spargel in Kartoffelstärke wenden, überschüssige Stärke gut abschütteln. Anschließend bis kurz vor die Köpfe in den Tempurateig tauchen, herausheben, überschüssigen Teig über der Schüssel abtropfen lassen. In Panko wenden. Spargel im heißen Öl 1–2 Minuten hellgelb und knusprig frittieren. Herausheben und abtropfen lassen. Mit Fleur de Sel würzen.

4. Spargel mit getrockneten Oliven bestreuen und mit Miso-Sauce-hollandaise servieren.

TIPP

Die getrockneten Oliven lassen sich luftdicht verschlossen gut aufbewahren. Es lohnt sich also, gleich eine größere Menge herzustellen.

AGEDASHI TOFU

豆腐
だし
大根

4 Portionen

TOFU

600 g Seidentofu
½ Bund Frühlingszwiebeln
20 g Ingwer
100 g Rettich
ausreichend Öl zum Frittieren
100 g Kartoffelstärke

TSUYU-SAUCE

400 g *Dashi* (siehe Seite 193)
100 g *Sojasauce*
100 g *Mirin*
evtl. Kartoffelstärke zum Binden

1. Seidentofu für 20–30 Minuten in Küchenpapier einwickeln, um überschüssige Feuchtigkeit zu entfernen.

2. Währenddessen für die Tsuyu-Sauce Dashi, Sojasauce und Mirin in einen Topf geben und aufkochen. Bei Bedarf mit ein wenig in kaltem Wasser glatt gerührter Kartoffelstärke binden.

3. Grüne Teile der Frühlingszwiebeln in feine Streifen schneiden. Ingwer und Rettich schälen und fein reiben.

4. Öl in einem Topf auf 175 °C erhitzen. Tofu in 4–6 gleich große Stücke schneiden und rundum in Kartoffelstärke wenden. Überschüssige Stärke gut abklopfen. Tofu 3–4 Minuten im heißen Öl frittieren, bis die Stücke etwas Farbe bekommen haben. Herausheben und abtropfen lassen.

5. Tofu mit Ingwer, Rettich und Frühlingszwiebelgrün anrichten und die Sauce angießen.

桜花

POTATO CHIPS

ポテト
チップス

4 Portionen

KARTOFFELCHIPS

2 große Süßkartoffeln
4 violette Kartoffeln (Trüffelkartoffeln)
ausreichend Öl zum Frittieren
Fleur de Sel
Shichimi Togarashi zum Würzen
Limettenspalten zum Servieren
½ Bund Koriander

DIP

50 g Zwiebel
20 g Sonnenblumenöl
+ Öl zum Anschwitzen
10 g Ingwer
50 g *Sojasauce*
30 g dunkles *Sesamöl*
15 g Zucker
15 g Reisessig
10 g Sriracha
20 g Tahina
10 g Kimchi-Sesam*

1. Für die Chips die Süßkartoffeln schälen und in dünne Stifte schneiden. Trüffelkartoffeln schälen und hauchfein hobeln. Separat in kaltem Wasser einlegen. Nach 15 Minuten abseihen und gründlich trocken tupfen.

2. Für den Dip Zwiebel schälen, in feine Würfel schneiden und in einer Pfanne in Öl glasig anschwitzen. Ingwer schälen und fein reiben. Sojasauce, Sesamöl, Zucker, Reisessig, Sonnenblumenöl, Sriracha und Tahina in einer Schüssel verrühren, bis sich der Zucker aufgelöst hat. Zwiebel, Ingwer und Kimchi-Sesam unterrühren.

3. Öl in einem Topf auf 170 °C erhitzen. Süßkartoffelstifte und Kartoffelscheiben darin goldbraun frittieren. Herausheben und abtropfen lassen. Mit Fleur de Sel und Shichimi Togarashi würzen.

4. Kartoffelchips mit Limettenspalten und Korianderblättern anrichten und mit dem Dip servieren.

IN 小料理 BETWEEN

ROASTED CAULIFLOWER

カリフラワー
山椒・トリュフ

4 Portionen

BLUMENKOHL

1 kleiner Blumenkohl (ca. 800 g)
90 g Olivenöl
Salz
schwarzer Pfeffer aus der Mühle
80 g Butter

TRÜFFELMISO

125 g Shiro *Miso*
60 g Knoblauchhonig (siehe Seite 193)
110 g Reisessig
50 g Trüffelöl
160 g Traubenkernöl

SANSHOBRÖSEL

80 g Butter
120 g Panko
1 g Sanshopfeffer (japanischer Bergpfeffer)
Fleur de Sel

1. Für den Blumenkohl Backofen auf 200 °C vorheizen. Blumenkohl auf ein mit Backpapier ausgelegtes Backblech legen und rundum mit Olivenöl, Salz und Pfeffer einreiben. 20 Minuten backen, dabei einmal wenden.

2. Währenddessen Butter in einem kleinen Topf bei mittlerer Hitze schmelzen. Anschließend köcheln lassen, bis sie goldbraun ist und ein nussiges Aroma entwickelt hat.

3. Für das Trüffelmiso Miso, Honig, Reisessig, Trüffelöl und Traubenkernöl verrühren.

4. Für die Sanshobrösel Butter in einer Pfanne zerlassen, Panko hinzugeben und hellgelb anrösten. Sanshopfeffer im Mörser zerstoßen, zu den Bröseln geben und mit Fleur de Sel würzen.

5. Blumenkohl aus dem Ofen nehmen, in dicke Scheiben schneiden, mit Nussbutter beträufeln und mit Trüffelmiso und Sanshobröseln servieren.

RICE & EGG

4 Portionen

MARINIERTER KAVIAR

100 g *Sake*
100 g *Sojasauce*
100 g *Dashi* (siehe Seite 193)
10 g Zucker
400 g Lachskaviar

EIER UND REIS

4 Eier
4 Schalen gekochter, aber nicht marinierter Sushireis (siehe Schritte 1-2 auf Seite 194)
10 g *Aonori*
10 g Bubu Arare (knusprige Reiskügelchen)

1. Für den marinierten Kaviar Sake, Sojasauce und Dashi in einem Topf aufkochen, den Zucker unterrühren. Vom Herd nehmen und abkühlen lassen. Kaviar hinzufügen und mindestens 30 Minuten ziehen lassen.

2. Für die Eier reichlich Wasser auf 62 °C erhitzen und die Temperatur durch Hitzezufuhr oder Zugabe von kaltem Wasser konstant halten (mit einem Thermometer prüfen). Die Eier 1 Stunde im warmen Wasser garen.

3. Reis mit Kaviar anrichten. Mit Aonori und Bubu Arare bestreuen. Eier aufschlagen, Eigelb vom Eiweiß trennen, das Eigelb mittig auf den Kaviar gleiten lassen. Am besten mit einem Löffel verquirlen, damit es schön cremig ist.

FAKE CALAMARI

玉ねぎ
スイート&スパイシー
ごま

4 Portionen

2 große weiße Zwiebeln
50 g Weizenmehl
25 g Kartoffelstärke
25 g Maisstärke
5 g scharfes oder süßes Paprikapulver
5 g schwarzer Pfeffer aus der Mühle
5 g Salz
5 g Knoblauchpulver
250 g Buttermilch
ausreichend Öl zum Frittieren
1 Frühlingszwiebel
Fleur de Sel
schwarzer Sesam zum Bestreuen
Sweet 'n' Spicy Sauce (siehe Seite 123)

1. Zwiebeln schälen, in 0,5–1 cm dicke Scheiben schneiden und diese in Ringe zerlegen. Mehl, Kartoffel- und Maisstärke in einer großen Schüssel mit je der Hälfte Paprikapulver, Pfeffer, Salz und Knoblauchpulver mischen. Buttermilch in einer großen Schüssel mit restlichem Paprikapulver, Pfeffer, Salz und Knoblauchpulver verrühren.

2. Öl in einem Topf auf 170 °C erhitzen. Zwiebelringe erst in der Mehlmischung wenden, dann in die Buttermilchmischung tauchen. Anschließend noch einmal im Mehl wenden. Im heißen Öl 2–3 Minuten goldbraun frittieren. Herausheben und abtropfen lassen. Frühlingszwiebel in sehr feine Ringe schneiden.

3. Knusprige Zwiebelringe anrichten, mit Fleur de Sel und Sesam bestreuen, mit Frühlingszwiebel garnieren und mit der Sweet 'n' Spicy Sauce servieren.

HAMACHI SSAM

4 Portionen

SSAM

40 g getrockneter Hijiki (Braunalgen)
Öl zum Anbraten
250 g *Dashi* (siehe Seite 193)
50 g *Sojasauce*
30 g *Mirin*
15 g Zucker
320 g Hamachifilet (Gelbschwanzmakrelenfilet)
40 g Ingwer
400 g gekochter, marinierter Sushireis (siehe Seite 194)
40 g Tobiko (Flugfischrogen)
4 koreanische Sesamblätter (ersatzweise *Shisoblätter*)
40 Gimblätter (gesalzener und mit *Sesamöl* beträufelter koreanischer Seetang; ersatzweise *Noriblätter*)

YUZU-KNOBLAUCH-MARINADE

10 g Knoblauch
40 g *Yuzusaft*
60 g *Sojasauce*
2 g schwarzer Pfeffer
100 g Traubenkernöl

1. Für das Ssam Hijiki 30 Minuten in 2 l Wasser einweichen. Abseihen und abtropfen lassen. Öl in einem Topf erhitzen, Hijiki darin 1–2 Minuten anbraten. Dashi, Sojasauce, Mirin und Zucker dazugeben und bei niedriger Hitze 15–20 Minuten köcheln lassen. Kalt stellen.

2. Für die Marinade Knoblauch schälen und mit Yuzusaft, Sojasauce und Pfeffer in ein hohes Mixgefäß geben. Traubenkernöl langsam einfließen lassen, dabei mit einem Pürierstab mixen.

3. Hamachifilet in feine Würfel schneiden und mit der Yuzu-Knoblauch-Marinade vermischen. Ingwer schälen und in sehr feine Streifen schneiden.

4. Sushireis in einer Schüssel verteilen und mit Hamachi belegen. Mit Tobiko, Ingwerstreifen, Hijiki und Sesamblättern garnieren. Jeweils eine kleine Menge in ein Gimblatt wickeln und wie einen Taco mit den Händen essen.

Ebi
海老
Toro
とろ
Torigai
鳥貝
Anago
穴子
寿司

KATSU SANDO

ブリオッシュ
豚肉・豚カツ

4 Portionen

¼ Weißkohl
4 Wasabiblätter (ersatzweise Rucola)
80 g japanische Mayonnaise
20 g grober Dijonsenf
ausreichend Öl zum Frittieren
400 g Schweinekarree
Fleur de Sel
schwarzer Pfeffer aus der Mühle
Weizenmehl zum Wenden
2 Eier
200 g Panko
Shichimi Togarashi zum Würzen
8 Scheiben Brioche, Toastbrot oder Milchbrötchen
Butterschmalz zum Anbraten
100 g Tonkatsu-Sauce

1. Weißkohl und Wasabiblätter in feine Streifen schneiden, mit Mayonnaise und Senf marinieren.

2. Öl in einem Topf auf 170 °C erhitzen. Karree in vier Scheiben schneiden, salzen und pfeffern, anschließend im Mehl wenden. Überschüssiges Mehl abschütteln. Fleisch in den aufgeschlagenen Eiern und Panko wenden. Im heißen Öl goldbraun frittieren. Herausheben und abtropfen lassen. Mit Fleur de Sel und Shichimi Togarashi würzen.

3. Brioche in einer beschichteten Pfanne in etwas Butterschmalz von beiden Seiten goldgelb rösten. 4 Scheiben mit Tonkatsu-Sauce bestreichen. Mit dem knusprigen Schnitzel und dem marinierten Weißkohl belegen und mit den übrigen Briochescheiben abdecken. Halbieren und mit der Tonkatsu-Sauce servieren.

MUSHROOM TAN TAN

エリンギ・チコリ

4 Portionen

2 Zwiebeln
4 Knoblauchzehen
400 g Kräuterseitlinge
ausreichend Öl zum Braten und Frittieren
30 g *Mirin*
30 g Sweet Bean Sauce
30 g dunkles *Sesamöl*
Shichimi Togarashi zum Würzen
50 g Rucola
2 Chicorées
Salz

1. Zwiebeln und Knoblauch schälen und fein würfeln. Kräuterseitlinge ebenfalls in feine Würfel schneiden. Zwiebeln, Knoblauch und Kräuterseitlinge in einem Topf in Öl anbraten. Mirin, Sweet Bean Sauce und Sesamöl dazugeben und alles ca. 10 Minuten weich garen. Mit Shichimi Togarashi würzen.

2. Öl in einem Topf auf 180 °C erhitzen. Rucola im heißen Öl frittieren. (Achtung: Es spritzt sehr stark!) Herausheben, abtropfen lassen und salzen. Chicoréeblätter vom Strunk lösen.

3. Pilzmasse auf den Chicoréeblättern verteilen und mit knusprigem Rucola servieren.

KATSU NASU

4 Portionen

MOLE-MISO-SAUCE

40 g *Sake*
40 g *Mirin*
60 g Zucker
120 g Shiro *Miso*
100 g Mole (Schokoladen-Chili-Sauce)

SESAMSAUCE

60 g *Sake*
60 g *Mirin*
60 g *Sojasauce*
20 g Zucker
10 g Kimchi-Sesam*
10 g Yuzu-Sesam*
10 g Wasabi-Sesam*

AUBERGINEN

ausreichend Öl zum Frittieren
2 Auberginen
Fleur de Sel
schwarzer Pfeffer aus der Mühle
Weizenmehl zum Wenden
2 Eier
200 g Panko
Shichimi Togarashi zum Würzen
1 Frühlingszwiebel

1. Für die Mole-Miso-Sauce Sake, Mirin, Zucker und Misopaste in einem kleinen Topf unter ständigem Rühren erhitzen. Temperatur auf sehr niedrige Hitze reduzieren und die Sauce 5 Minuten leicht köcheln lassen. Anschließend Mole unterrühren.

2. Für die Sesamsauce Sake, Mirin und Sojasauce in einem Topf aufkochen und auf zwei Drittel einreduzieren lassen. Durch ein Sieb abseihen, auffangen und Zucker und Sesam hinzufügen.

3. Für die Auberginen Öl in einem Topf auf 170 °C erhitzen. Auberginen schälen und der Länge nach halbieren. Salzen und pfeffern, dann in Mehl wenden. Überschüssiges Mehl leicht abklopfen. Danach in verquirlten Eiern, anschließend in Panko wenden. Im heißen Öl goldbraun frittieren. Herausheben und abtropfen lassen. Mit Fleur de Sel und Shichimi Togarashi würzen. Frühlingszwiebel in feine Streifen schneiden.

4. Auberginen in mundgerechte Stücke schneiden, mit beiden Saucen anrichten und mit Frühlingszwiebelstreifen garnieren.

BEETROOT & FIG TEMPURA

ビーツ
イチジク
生姜

4 Portionen

ROTE-BETE-CARPACCIO

8 Mini-Rote-Beten
Salz
Olivenöl zum Einreiben

INGWERDRESSING

25 g Ingwer
100 g Reisessig
25 g *Sojasauce*
40 g Zucker
10 g Zitronensaft
25 g dunkles *Sesamöl*

FEIGEN

ausreichend Öl zum Frittieren
2 Feigen
Kartoffelstärke zum Wenden
Tempurateig 1 (siehe Seite 195)
4 *Shisoblätter*

1. Für das Carpaccio Backofen auf 180 °C vorheizen. Rote Beten mit Salz und Olivenöl einreiben und in Alufolie wickeln. 45 Minuten im Ofen garen, danach auskühlen lassen.

2. Für das Dressing Ingwer schälen und grob schneiden. Mit Reisessig, Sojasauce, Zucker, Zitronensaft und Sesamöl pürieren, 10 Minuten ziehen lassen, dann durch ein feines Sieb passieren und auffangen.

3. Für die Feigen Öl in einem Topf auf 180 °C erhitzen. Feigen in Kartoffelstärke wenden, durch den Tempurateig ziehen und im heißen Öl goldbraun frittieren. Herausheben und abtropfen lassen.

4. Shisoblätter in hauchdünne Streifen schneiden, im heißen Öl kurz frittieren (Achtung: Es spritzt sehr stark!), herausheben und abtropfen lassen.

5. Rote Beten aus der Folie wickeln, schälen, in dünne Scheiben schneiden und auf Tellern verteilen. (Dabei evtl. mit Gummihandschuhen arbeiten, damit sich die Hände nicht rot färben.) Feigen in Spalten schneiden, auf dem Rote-Bete-Carpaccio anrichten. Mit knusprigen Shisoblättern garnieren und mit dem Dressing beträufeln.

TOFU KARAAGE SALAD

豆腐
レンコン
ライム

4 Portionen

CRISP & CRUNCH

10 g Knoblauch
250 g Shiro *Miso*
50 g Einlegeflüssigkeit vom Sushi-Ingwer
20 g Traubenkernöl
20 g *Sojasauce*
5 g Zucker
300 g halbfester Tofu
ausreichend Öl zum Frittieren
1 Lotuswurzel
Kartoffelstärke zum Wenden
Salz
Shichimi Togarashi zum Würzen

LIMETTENDRESSING

30 g Limettensaft
30 g *Yuzusaft*
10 g Zucker
30 g *Sojasauce*
50 g Sushi-Ingwer
10 g rote Peperoni
20 g *Dashi* (siehe Seite 193)
30 g Olivenöl

SALAT

400 g gemischter Salat (z. B. Babyspinat, Mizuna, junge Blattsalate, Blutampfer)
1 Tasse *Shisokresse*
1 Tasse Daikonkresse
16 bunte Kirschtomaten
1 Avocado

1. Für Crisp & Crunch Knoblauch schälen und fein hacken. Mit Miso, Ingwer-Einlegeflüssigkeit, Traubenkernöl, Sojasauce und Zucker in einer Schüssel verrühren. Tofu in mundgerechte Stücke schneiden, in die Marinade legen und mindestens über Nacht ziehen lassen.

2. Für das Dressing Limettensaft, Yuzusaft, Zucker, Sojasauce, Sushi-Ingwer, Peperoni und Dashi in ein hohes Mixgefäß geben. Olivenöl in dünnem Strahl langsam einfließen lassen, dabei mit einem Pürierstab mixen.

3. Öl in einem Topf auf 170 °C erhitzen. Lotuswurzel schälen und in dünne Scheiben hobeln. Tofu aus der Marinade heben und abtupfen. In Kartoffelstärke wenden und 4–5 Minuten im heißen Öl frittieren. Herausheben und abtropfen lassen. Mit Salz und Shichimi Togarashi würzen. Lotuswurzelscheiben ebenfalls goldbraun frittieren, herausheben und abtropfen lassen.

4. Salate und Kresse mit dem Dressing vermischen. Tomaten halbieren, Avocado würfeln. Beides zum Salat geben. Mit knusprigem Tofu und Lotuschips anrichten.

PANKO ONSEN EGG

温泉卵
豚カツ
パン粉

4 Portionen

4 Eier
200 g Panko
¼ Weißkohl
ausreichend Öl zum Frittieren
40 g Tonkatsu-Sauce
40 g Mayonnaise (siehe Seite 193)
30 g *Norichips*

1. Eier bei 60 °C 1 Stunde im Dampfgarer oder im Wasserbad garen (Temperatur mit einem Thermometer prüfen).

2. Einen Teil des Pankos in eine tiefe Schüssel geben. Die gegarten Eier vorsichtig schälen und sanft in das Panko gleiten lassen. Restliches Panko rund um die Eier verteilen. 1 Stunde ruhen lassen (dabei bildet sich eine Panade).

3. Währenddessen Weißkohl in feine Streifen schneiden.

4. Öl in einem Topf auf 180 °C erhitzen. Eier darin goldbraun und knusprig frittieren. Herausheben und abtropfen lassen.

5. Weißkohl in Schälchen anrichten, die Eier vorsichtig daraufsetzen. Nach Belieben Tonkatsu-Sauce und Mayonnaise auf den Eiern verteilen, mit Norichips garnieren und sofort servieren.

SEA BASS & BLOOD ORANGE

スズキ
ブラッドオレンジ
ワヒーヨ

4 Portionen

LAUCHSTROH

1 Stange Lauch (grüner Teil)
ausreichend Öl zum Frittieren

CEVICHE

20 g Guajillo-Chili-Paste
65 g *Yuzusaft*
65 g Limettensaft
20 g Zucker
5 g Fleur de Sel
25 g Olivenöl
20 g japanische Mayonnaise
30 g Einlegeflüssigkeit vom Sushi-Ingwer
320 g Wolfsbarschfilet
½ rote Zwiebel
2 Blutorangen
Korianderöl (siehe Kräuteröl auf Seite 195) zum Beträufeln

1. Für das Lauchstroh Lauchgrün in sehr dünne Streifen schneiden. In kochendem Wasser 1 Minute blanchieren. Lauchstreifen aus dem Wasser heben und auf einem Küchentuch vollständig trocknen lassen.

2. Öl in einem Topf auf 170 °C erhitzen und die Lauchstreifen darin knusprig frittieren. Herausheben und abtropfen lassen.

3. Für das Ceviche Chilipaste, Yuzu- und Limettensaft, Zucker, Salz, Olivenöl, Mayonnaise und Ingwer-Einlegeflüssigkeit in einer Schüssel gut verrühren. Wolfsbarschfilet würfeln, zur Marinade geben und alles gut vermischen. Abgedeckt 20–30 Minuten im Kühlschrank ziehen lassen, bis der Fisch durch die Säure der Marinade gegart ist.

4. Währenddessen Zwiebel schälen und in sehr dünne Streifen schneiden. 5–10 Minuten in kaltem Wasser einlegen. Herausnehmen und trocken tupfen. Blutorangen filetieren.

5. Fisch aus der Marinade heben und anrichten. Blutorangenfilets und Zwiebelstreifen darauf verteilen. Mit Lauchstroh garnieren, mit Korianderöl beträufeln und servieren.

EDDI'S ARTICHOKE

エディのアーティチョーク

4 Portionen

ARTISCHOCKEN

4 große runde Artischocken

Saft von 3 Zitronen

ausreichend Olivenöl (zum Confieren und Frittieren)

Fleur de Sel

schwarzer Pfeffer aus der Mühle

WASABIDIP

1 Knoblauchzehe

1 TL Dijonsenf

10 g Sardinen in Öl

10 g Wasabi Kizami (Mischung aus Wasabiwurzeln und -blättern, meist tiefgekühlt erhältlich)

120 g Mayonnaise (siehe Seite 193)

40 g Joghurt

20 g *Dashi* (siehe Seite 193)

30 g frisch geriebener Parmesan

Öl vom Chilicrunch (siehe Seite 194) zum Beträufeln

1. Für die Artischocken äußere Blätter der Artischocken entfernen. Stiele über einer Tischkante abbrechen, damit sich die harten Fasern aus dem Boden lösen. Artischocken für mindestens 10 Minuten in ein Bad aus Wasser und Zitronensaft legen.

2. Olivenöl in einem großen Topf auf 90 °C erhitzen. (Die Menge des Öls sollte so bemessen sein, dass die Artischocken komplett bedeckt sind.) Artischocken aus dem Zitronenwasser heben und vorsichtig trocken tupfen. In das heiße Öl geben und 10–15 Minuten confieren.

3. Währenddessen für den Dip Knoblauch schälen und mit Senf, Sardinen und Wasabi Kizami in einem Mörser zu einer feinen Paste zerreiben. Mit Mayonnaise, Joghurt, Dashi und Parmesan verrühren. Mit Chilicrunchöl beträufeln.

4. Artischocken vorsichtig aus dem Öl heben, abtropfen und abkühlen lassen. Öl im Topf auf 160 °C erhitzen. Blätter der Artischocken etwas spreizen und kräftig mit Fleur de Sel und Pfeffer würzen. Artischocken erneut ins Öl geben und so lange frittieren, bis die Blätter knusprig sind. Herausheben und abtropfen lassen.

5. Artischocken anschließend sofort mit dem Dip servieren.

EPISODE 5

Hideyoshis Öle

us großer Crunch-Kraft folgt große Verantwortung. Um Kimiko und die Marktgemeinde im Kampf egen den zerstörungswütigen Oni zu unterstützen, muss Eddi den Supercrunch ihres todkranken roßvaters Hideyoshi meistern. Wo ließe sich dieser besser reproduzieren als in der Küche des Meisers persönlich? Mit jedem Versuch kommt Eddi dem Schlüssel zur ultimativen Knusprigkeit ein tück näher, doch finstere Mächte scheinen ihn vom Erreichen seines Ziels abhalten zu wollen.

EPISODE 6
Der Boss

ボス

Während Eddi unermüdlich an der Perfektionierung seines Crunch arbeitet, ahnt er nicht, dass unweit von Hideyoshis Küche im Geschäftsviertel von Kanazawa alle Hebel in Bewegung gesetzt werden, um sein Vorhaben zum Scheitern zu bringen.

Weiter geht's auf Seite 148

お寿司
SUSHI

EBI TEMPURA ROLL

Für 1 Rolle

ausreichend Öl zum Frittieren

2 geschälte Riesengarnelen

Tempurateig 2 (siehe Seite 195)

15 cm Rettich

¼ Avocado

1 Stange grüner Spargel

2 *Noriblätter*

150 g gekochter, marinierter Sushireis (siehe Seite 194)

60 g Tobiko (Flugfischrogen)

10 Schnittlauchhalme

2 *Shisoblätter*

Sushi-Ingwer zum Servieren

Wasabi zum Servieren

Sojasauce zum Servieren

1. Öl in einem Topf auf 180 °C erhitzen. Garnelen durch den Tempurateig ziehen und im heißen Öl 2–3 Minuten goldbraun frittieren. Herausheben und abtropfen lassen.

2. Rettich schälen. Anschließend mit einem scharfen schmalen Messer außen herum zu einer langen dünnen Bahn „schälen“. Avocado in Scheiben schneiden. Hartes Ende vom Spargel entfernen.

3. Eine Bambusmatte mit Frischhaltefolie einschlagen und die Noriblätter leicht überlappend mit der glänzenden Seite nach unten darauflegen. Reis mit befeuchteten Fingern in die Mitte der Noriblätter geben. Von der Mitte nach außen drücken und den Reis gleichmäßig auf den Blättern verteilen, dabei unten und oben einen schmalen Rand frei lassen. Tobiko auf dem Reis verteilen. Umdrehen, sodass nun die Noriblätter oben liegen. Sushirolle mit Garnelentempura, Spargel, Schnittlauch, Shisoblättern und Avocado belegen und aufrollen. Mit Rettich einschlagen und in 4–6 Stücke schneiden. Mit Sushi-Ingwer, Wasabi und Sojasauce servieren.

CRISPY SPICY SALMON ROLL

サーモンタルタル
チリ・マヨ

Für 1 Rolle

40 g Gurke

½ Avocado

80 g Lachsfilet

2 EL Chilimayonnaise (siehe Seite 132)

1 *Noriblatt*

90–100 g gekochter, marinierter Sushireis (siehe Seite 194)

ausreichend Öl zum Frittieren

Tempurateig 2 (siehe Seite 195)

ca. 60 g Panko

Shichimi Togarashi zum Bestreuen

1. Gurke in Streifen, Avocado in dünne Scheiben schneiden. Lachs in sehr feine Würfel schneiden und mit Chilimayonnaise vermischen.

2. Eine Bambusmatte mit Frischhaltefolie einschlagen und das Noriblatt mit der glänzenden Seite nach unten darauflegen. Reis mit befeuchteten Fingern in die Mitte des Noriblatts geben. Von der Mitte nach außen drücken und den Reis gleichmäßig auf dem gesamten Blatt verteilen, dabei unten und oben einen schmalen Rand frei lassen. Umdrehen, sodass nun das Noriblatt oben liegt. Noriblatt mit Gurke und Avocado belegen und aufrollen.

3. Öl in einem Topf auf 180 °C erhitzen. Sushirolle durch den Tempurateig ziehen und in Panko wenden. Im heißen Öl goldbraun frittieren. Herausheben und abtropfen lassen.

4. Rolle in 8 Stücke schneiden. Lachstatar darauf anrichten und mit Shichimi Togarashi bestreuen.

トリュフ
MAYO
TRUFFLE
ソース

DANA ROLL

サーモン・アボカド
トリュフ・マヨ

Für 1 Rolle

ausreichend Öl zum Frittieren
40 g Lachsfilet
Tempurateig 2 (siehe Seite 195)
40 g Gurke
½ Avocado
1 *Noriblatt*
90–100 g gekochter, marinierter Sushireis (siehe Seite 194)
50 g Teriyakisauce
50 g Trüffelmayonnaise
Sushi-Ingwer zum Servieren
Daikonkresse zum Servieren

1. Öl in einem Topf auf 180 °C erhitzen. Lachsfilet in Streifen schneiden, durch den Tempurateig ziehen und im heißen Öl 2–3 Minuten goldbraun frittieren. Herausheben und abtropfen lassen.

2. Gurke in feine Streifen, Avocado in dünne Scheiben schneiden.

3. Eine Bambusmatte mit Frischhaltefolie einschlagen und das Noriblatt mit der glänzenden Seite nach unten darauflegen. Reis mit befeuchteten Fingern in die Mitte des Noriblatts geben. Von der Mitte nach außen drücken und den Reis gleichmäßig auf dem gesamten Blatt verteilen, dabei unten und oben einen schmalen Rand frei lassen. Umdrehen, sodass nun das Noriblatt oben liegt.

4. Noriblatt mit Gurke und Lachs belegen und aufrollen. Mit aufgefächerter Avocado belegen und mit Frischhaltefolie bedecken. Mithilfe einer Bambusmatte in Form bringen. Rolle mitsamt Frischhaltefolie in 8 Stücke schneiden. Folie abziehen, die Dana Roll anrichten, mit Teriyakisauce beträufeln und mit Trüffelmayonnaise, Sushi-Ingwer und Kresse servieren.

CRUNCHY TEMAKI

Für 1 Rolle

ausreichend Öl zum Frittieren

20 g Hokkaidokürbis

1 *Shisoblatt*

½ Tasse Daikonkresse

Tempurateig 2 (siehe Seite 195)

Shichimi Togarashi zum Bestreuen

1 *Noriblatt*

50-60 g gekochter, marinierter Sushireis (siehe Seite 194)

1. Öl in einem Topf auf 180 °C erhitzen. Kürbis in Streifen schneiden. Shisoblatt, Daikonkresse (als kleinen Strauß) und Kürbis nacheinander durch den Tempurateig ziehen und im heißen Öl 2– 3 Minuten goldbraun frittieren. Herausheben, abtropfen lassen und mit Shichimi Togarashi bestreuen.

2. Noriblatt mit der glänzenden Seite nach unten zurechtlegen. Reis auf der oberen Hälfte des Noriblatts verteilen. Ein Reiskorn auf eine untere Ecke geben, dieses dient später als Kleber. Reis mit Shiso, Kresse und Kürbis belegen. Wie eine Schultüte einrollen, mit dem Reiskorn fixieren und sofort aus der Hand genießen.

メイン・ディッシュ

MAIN

DIRTY WINGS

チキンウィングス
チリ・コリアンダー

4 Portionen

WINGS

450 g Hühnerflügel
ausreichend Öl zum Frittieren
Kartoffelstärke zum Wenden
20 g Koriander
Fleur de Sel

SWEET 'N' SPICY SAUCE

1 Knoblauchzehe
10 g Gochugaru (scharfe koreanische Chiliflocken)
40 g Gochujang (koreanische rote Chilipaste)
40 g *Sojasauce*
15 g dunkles *Sesamöl*
30 g Zucker
30 g Ahornsirup
60 g Reisessig
Salz
weißer Pfeffer aus der Mühle

1. Für die Wings Wasser in einem großen Topf zum Kochen bringen, Hühnerflügel hineingeben und 1 Minute blanchieren. Abtropfen lassen, unter fließend kaltem Wasser abspülen und trocken tupfen.

2. Für die Sauce Knoblauch schälen und fein hacken. Gut mit allen anderen Zutaten verrühren und mit Salz und Pfeffer abschmecken.

3. Öl in einem Topf auf 180 °C erhitzen. Hühnerflügel in Kartoffelstärke wenden, überschüssige Stärke gut abschütteln. Flügel im heißen Öl knusprig frittieren. Herausheben und abtropfen lassen.

4. Korianderblätter hacken. Die knusprigen Hühnerflügel in eine Schüssel geben und mit einem Teil der Sauce marinieren. Mit Fleur de Sel würzen, mit Koriander bestreuen und mit der restlichen Sauce zum Dippen servieren.

TROUT & KINOKO

マス・ヒラタケ
アサツキ

4 Portionen

PILZE

¼ Zwiebel
15 g Ingwer
Sonnenblumenöl zum Anbraten
30 g Shiitakepilze
50 g Saikyo *Miso*
20 g Ponzu (siehe Seite 193)
100 g kalte Butter
200 g Austernpilze

FORELLE UND SCHNITTLAUCHCRUNCH

100 g Schnittlauchöl (siehe Kräuteröl auf Seite 195)
30 g Weizenmehl
200 g Wasser
2 g Salz
4 Bachforellenfilets

1. Für die Pilze Zwiebel und Ingwer schälen und würfeln. Öl in einer Pfanne erhitzen, Zwiebel, Ingwer und Shiitakepilze darin anschwitzen, ohne dass sie Farbe nehmen. In einer Schüssel auskühlen lassen. Zwiebel-Pilz-Masse, Miso und Ponzu in einen Standmixer geben und pürieren. Kalte Butter in kleine Würfel schneiden und nach und nach einmixen, bis eine homogene Misobutter entstanden ist.

2. Austernpilze in mundgerechte Stücke zupfen. In Öl anbraten, Misobutter unterrühren und weiterbraten, bis die Pilze goldbraun und knusprig sind.

3. Für den Schnittlauchcrunch Schnittlauchöl mit Mehl, Wasser und Salz mit einem Pürierstab vermischen.

4. So viel Teig in eine heiße beschichtete Pfanne geben, dass der Boden bedeckt ist. Ein Forellenfilet mit der Haut nach unten darauflegen. Hitze reduzieren und so lange braten, bis das Wasser verdunstet und der Teig knusprig ist. Forelle mit Schnittlauchcrunch vorsichtig aus der Pfanne heben. Wiederholen, bis alle Filets zubereitet sind, und mit den Austernpilzen servieren.

TIPP

Sollte Teig übrig bleiben, diesen wie beschrieben braten und als Crunch zu Salat servieren.

EDDI'S CONGEE

4 Portionen

200 g gekochter, nicht marinierter Sushireis (siehe Schritte 1-2 auf Seite 194)
20 g *Kombu*
400 g *Dashi* (siehe Seite 193)
½ Lauchstange
ausreichend Öl zum Frittieren
30 g Ingwer
20 g *Norichips*
4 frische Eigelb
10 g dunkles *Sesamöl*
Chilipulver zum Bestreuen

1. Reis, Kombu und Dashi in einem Topf zum Kochen bringen. Temperatur auf mittlere Hitze reduzieren und den Reis ca. 40 Minuten leicht köcheln lassen, dabei ab und zu umrühren. (Durch das erneute Kochen erhält der Reis die gewünschte Konsistenz.)

2. Währenddessen Lauch in sehr dünne Streifen schneiden. In kochendem Wasser 1 Minute blanchieren. Lauchstreifen aus dem Wasser heben und auf einem Küchentuch vollständig trocknen lassen.

3. Öl in einem Topf auf 170 °C erhitzen und die Lauchstreifen darin knusprig frittieren. Herausheben und abtropfen lassen. Ingwer schälen und in feine Streifen schneiden.

4. Kombu aus dem Reis nehmen und das Congee mit Lauchstroh, Ingwerstreifen, Norichips und Eigelb anrichten, mit Sesamöl beträufeln und mit Chilipulver bestreuen.

LEMONGRASS CHICKEN

チキンレッグ
レモングラス
ハラペーニョ

4 Portionen

KEULEN

2 Stängel Zitronengras
5 g Jalapeño
20 g Ingwer
3 Knoblauchzehen
2 Schalotten
75 g Sonnenblumenöl + Öl zum Grillen
50 g Fischsauce
30 g Austernsauce
15 g Zucker
4 ausgelöste Hühnerkeulen mit Haut
Salz
schwarzer Pfeffer aus der Mühle
Korianderkresse zum Garnieren

PEPERONI-TSUKEMONO

20 g Salz
60 g Zucker
100 g Reisessig
200 g rote und/oder grüne Peperoni
½ rote Zwiebel

1. Für die Keulen Zitronengras fein hacken. Jalapeño fein hacken. Ingwer und Knoblauch schälen und ebenfalls fein hacken. Schalotten schälen und in feine Ringe schneiden. Alle vorbereiteten Zutaten mit Öl, Fisch- und Austernsauce sowie Zucker fein pürieren.

2. Hühnerkeulen mit Salz und Pfeffer würzen. Keulen in eine Schüssel geben, einen Teil der Marinade darüber verteilen. Mehrere Stunden, am besten über Nacht zugedeckt im Kühlschrank marinieren. Restliche Marinade kalt stellen.

3. Für das Peperoni-Tsukemono Salz, Zucker, Reisessig und 200 g Wasser in einer Schüssel vermischen, bis sich Zucker und Salz aufgelöst haben. Peperoni in feine Ringe schneiden, Zwiebel schälen und in Streifen schneiden. Beides in die Essigmarinade geben und mindestens 2 Stunden ziehen lassen.

4. Hühnerkeulen aus der Marinade nehmen und trocken tupfen. Einen Grillrost oder eine Grillpfanne mit Öl bepinseln und die Keulen mit der Hautseite nach unten auflegen. 10–15 Minuten bei mittlerer Hitze braten, dabei einmal wenden. Separat kalt gestellte Marinade erwärmen.

5. Keulen in Stücke schneiden und mit der warmen Marinade, Peperoni-Tsukemono und Kresse anrichten.

SEA BREAM TEMPURA

鯛・ラディッシュ
リーキ

4 Portionen

RADIESCHEN-TSUKEMONO

200 g Radieschen
60 g Zucker
20 g Salz
100 g Reisessig

LAUCH-BONITO-DIP

5 g Ingwer
110 g Bonitoessig
10 g *Dashi* (siehe Seite 193)
10 g süße *Sojasauce*
30 g Marinade für Sushireis (siehe Seite 194)
20 g *Sojasauce*
30 g Lauchöl (siehe Kräuteröl Seite 195)
10 g Kimchi-Sesam*

DORADEN

2 *Noriblätter*
100 g Weizenmehl + Mehl zum Bestreuen
30 g Backpulver
15 g Currypulver
200 g eiskaltes Mineralwasser
ausreichend Butterschmalz zum Frittieren
4 Doradenfilets
Fleur de Sel
Limettenspalten zum Servieren

1. Für das Tsukemono Radieschen in ein Schraubglas geben. Zucker, Salz, Reisessig und 200 g Wasser so lang verrühren, bis sich Zucker und Salz aufgelöst haben. Marinade über die Radieschen gießen und das Tsukemono mindestens 2 Tage ziehen lassen.

2. Für den Dip den Ingwer schälen, fein reiben und mit den übrigen Zutaten mischen.

3. Für die Doraden Noriblätter mit einem Bunsenbrenner kurz abflämmen, anschließend zu Pulver mahlen.

4. Mehl, Back- und Currypulver in einer Schüssel mit einem Schneebesen mischen. Mit eiskaltem Mineralwasser zu einem glatten Teig verrühren.

5. Butterschmalz in einem Topf auf 170 °C erhitzen. Doradenfilets in fingerdicke Stücke schneiden, mit Mehl bestreuen und durch den Tempurateig ziehen. Im heißen Butterschmalz frittieren, anschließend herausheben, abtropfen lassen und mit Fleur de Sel und Noripulver bestreuen.

6. Doradentempura mit Radieschen-Tsukemono, Lauch-Bonito-Dip und Limettenspalten servieren.

TIPPS

Fischköpfe und Karkassen können ebenfalls verarbeitet werden: in Kartoffelstärke wenden, überschüssige Stärke abschütteln, Köpfe und Karkassen im heißen Öl 3-4 Minuten knusprig frittieren. Herausheben, abtropfen lassen und anrichten.

Damit der Teig immer eiskalt ist (= Cruncheffekt), die Schüssel auf Eiswürfel stellen.

Der Dip schmeckt auch als Marinade zu Salaten.

SWEETBREAD KARAAGE

シビレ・チリ・マヨ

4 Portionen

KALBSBRIES

500 g Kalbsbries
2 Knoblauchzehen
100 g *Sojasauce*
ausreichend Öl zum Frittieren
Kartoffelstärke zum Wenden
Fleur de Sel
Limettenspalten zum Servieren

CHILIMAYONNAISE

300 Mayonnaise (siehe Seite 193)
15 g Sriracha
5 g dunkles *Sesamöl*
Shichimi Togarashi zum Bestreuen

1. Kalbsbries in ständig erneuertem Wasser 1–2 Stunden wässern, bis es weiß ist. In ca. 4 cm große Stücke schneiden und in eine Schüssel geben. Knoblauch schälen, fein hacken und mit der Sojasauce zum Kalbsbries geben. Ca. 5 Minuten marinieren.

2. Mayonnaise mit Sriracha und Sesamöl verrühren und mit Shichimi Togarashi bestreuen.

3. Öl in einem Topf auf 170 °C erhitzen. Kalbsbries aus der Marinade nehmen und in der Kartoffelstärke wenden. Im heißen Öl goldbraun frittieren. Herausheben und abtropfen lassen, mit Fleur de Sel bestreuen.

4. Knuspriges Kalbsbries mit Chilimayo und Limettenspalten anrichten und sofort servieren.

KABOCHA KOROKKE

4 Portionen

KROKETTEN

400 g Hokkaidokürbis
1 rote Zwiebel
30 g Butter
½ Rezeptmenge Mushroom Tan Tan (siehe Schritt 1 auf Seite 92)
3 Eier
50 g Weizenmehl
Salz
schwarzer Pfeffer aus der Mühle
ausreichend Öl zum Frittieren
100 g Panko
100 g Tonkatsu-Sauce

YUZU-ESTRAGON-MAYONNAISE

50 g Estragonöl (siehe Kräuteröl auf Seite 195)
10 g *Yuzuschale*
250 g japanische Mayonnaise

1. Für die Kroketten den Kürbis halbieren, die Kerne mit einem Löffel auskratzen und das Fruchtfleisch in grobe Würfel schneiden. Die Würfel in einem Dämpfeinsatz ca. 25 Minuten dämpfen. Mit einem Kartoffelstampfer zerdrücken und abkühlen lassen.

2. Zwiebel schälen und in feine Würfel schneiden. Butter in einer Pfanne erhitzen, Zwiebelwürfel darin glasig andünsten. Kürbispüree mit Tan Tan, Zwiebel, Eiern und Mehl vermengen, mit Salz und Pfeffer würzen. 20 Minuten im Kühlschrank abkühlen und fest werden lassen.

3. Währenddessen für die Yuzu-Estragon-Mayonnaise alle Zutaten glatt rühren und kalt stellen.

4. Öl in einem Topf auf 170 °C erhitzen. Kürbismasse zu runden oder länglichen Kroketten formen und in Panko wenden. Kroketten im heißen Öl goldbraun und knusprig frittieren. Herausheben und abtropfen lassen. Mit Estragonmayo und Tonkatsu-Sauce servieren.

RACK OF LAMB

4 Portionen

LAMMHACHSEN

60 g Chipotle-Chili
30 g Knoblauch
30 g gemahlener Ancho-Chili
400 g Orangensaft
10 g gemahlener Kreuzkümmel
10 g Salz
1 Prise Zimt
15 g brauner Zucker
2 Lammhachsen
Öl zum Anbraten
1 Rezeptmenge gegangener Bing-Bread-Teig (siehe Schritte 1-2 auf Seite 38)
15 g Kartoffelstärke
100 g Kimchi*
100 g Gurken-Kimchi*
20 *Shisoblätter*

CRUMBLE

90 g geröstete Erdnüsse
60 g Röstzwiebeln
30 g Knoblauch-Chips (siehe Seite 57)

1. Für die Lammhachsen Chipotle-Chili hacken, Knoblauch schälen und hacken. Mit Ancho-Chili, Orangensaft, Kreuzkümmel, Salz, Zimt, Zucker und 400 g Wasser in einer großen Schüssel verrühren. Lammhachsen darin über Nacht im Kühlschrank marinieren.

2. Am nächsten Tag Backofen auf 200 °C vorheizen. Fleisch aus der Marinade nehmen und trocken tupfen. Etwas Öl in einem Schmortopf erhitzen, die Hachsen darin rundum anbraten. Mit Marinade aufgießen. Ca. 2 Stunden abgedeckt schmoren, dabei immer wieder mit der Flüssigkeit übergießen.

3. Währenddessen für den Crumble Erdnüsse, Röstzwiebeln und Knoblauch-Chips im Mörser oder mit dem Blitzhacker zerkleinern.

4. Gegangene Teigkugeln dünn ausrollen und in einer heißen Pfanne zu flachen Broten braten. Zum Warmhalten in Alufolie wickeln.

5. Sobald die Hachsen weich sind (zum Prüfen mit einer Fleischgabel anstechen – wenn sich das Fleisch leicht vom Knochen lösen lässt, sind sie fertig), diese aus dem Schmorfond nehmen, Kartoffelstärke mit wenig kaltem Wasser glatt rühren, langsam in die Sauce rühren und kochen lassen, bis die gewünschte Bindung erreicht ist. Sauce abseihen und auffangen.

6. Fleisch mit der Sauce, Kimchi, Gurken-Kimchi, Shisoblättern, Bing Bread und Crumble anrichten und servieren.

OKONOMI-YAKI

Für 2 Okonomiyaki

OKONOMIYAKI

200 g Weizenmehl (Type 405)
200 g *Dashi* (siehe Seite 193)
2 Eier
10 g *Sojasauce*
5 g Salz
30 g Yamswurzel (ersatzweise 10 g Backpulver)
300 g Kohl (Weiß-, China- oder Spitzkohl)
2 Frühlingszwiebeln
60 g Tempuraflocken
40 g Beni Shoga (in Streifen geschnittener, rot gefärbter eingelegter Ingwer)
Öl zum Braten

TOPPINGS NACH BELIEBEN

Okonomi-Sauce
japanische Mayonnaise
Aonori
Beni Shoga (in Streifen geschnittener, rot gefärbter eingelegter Ingwer)
Tempuraflocken
Katsuobushi (Bonitoflocken)

1. Für die Okonomiyaki Mehl, Dashi, Eier, Sojasauce und Salz in einer Schüssel verrühren. Yamswurzel schälen, fein reiben und zum Teig geben. (Die Yamswurzel lässt den Teig aufgehen.)

2. Kohl in feine Streifen schneiden oder hobeln. Frühlingszwiebeln in feine Ringe schneiden. Beides mit den Tempuraflocken und Beni Shoga zum Teig geben und mit den Händen gut vermischen.

3. Etwas Öl in zwei beschichteten Pfannen erhitzen. Teigmischung in den Pfannen verteilen und rund und flach drücken. Teigfladen nach ca. 3 Minuten wenden. Pfannen mit Deckeln verschließen, damit die Okonomiyaki auch im Inneren garen. Nach 4–5 Minuten erneut wenden und 1–2 Minuten ohne Deckel braten. (Alternativ die Teigfladen nacheinander zubereiten.)

4. Okonomiyaki anrichten und nach Belieben mit Okonomi-Sauce, Mayonnaise, Aonori, Beni Shoga, Tempuraflocken und Katsuobushi servieren.

BUTTERFLY SEA BASS

スズキ
ポン酢
トリュフ

4 Portionen

PONZU-TRÜFFEL-DRESSING

120 g *Sake*
120 g *Mirin*
80 g *Sojasauce*
80 g Ponzu (siehe Seite 193)
100 g Bonitoessig*
5 g Katsuobushi (Bonitoflocken)
10 g *Kombu*
1 Limette
11 Kumquats
20 g Trüffelöl

WOLFSBARSCH

2 ganze Wolfsbarsche (nicht ausgenommen; alternativ als „Butterfly" vom Fischhändler vorbereitet)
ausreichend Butterschmalz zum Frittieren
100 g Weizenmehl
100 g Tapiokastärke
100 g Reismehl
Fleur de Sel
20 g Wasabi Furikake* (japanische Gewürzmischung aus u. a. Wasabi und Reiskügelchen)
essbare Blüten zum Garnieren
Chilicrunch (siehe Seite 194) zum Dippen und Knuspern

1. Für das Dressing Sake und Mirin in einem Topf aufkochen, Sojasauce unterrühren und vom Herd nehmen. Ponzu, Bonitoessig, Katsuobushi und Kombu hinzugeben. Limette und 10 Kumquats in Scheiben schneiden und ebenfalls zur Flüssigkeit geben. Mindestens 2 Tage ziehen lassen.

2. Übrige Kumquat in Scheiben schneiden und mit einem Bunsenbrenner oder in einer Pfanne ohne Fett etwas rösten. Dressing durch ein Sieb abseihen, auffangen und mit Trüffelöl abschmecken.

3. Für den Wolfsbarsch Fische von oben einschneiden, Mittelgräte mit einer Schere entfernen, Innereien herausnehmen und die restlichen Gräten herausziehen.

4. Butterschmalz in einem Topf auf 180 °C erhitzen. Alle Mehlsorten vermischen. Fische behutsam darin wenden, überschüssiges Mehl gut abschütteln. Fische etwas öffnen und 5–6 Minuten im heißen Öl frittieren, bis sich die Panade goldbraun färbt. Herausheben, abtropfen lassen und sofort mit Fleur de Sel und Wasabi Furikake würzen.

5. Knusprige Wolfsbarsche mit Blüten garnieren. Geröstete Kumquatscheiben zum Ponzu-Trüffel-Dressing geben und mit dem Chilicrunch zum Fisch servieren.

New
のどごし、

PORTOBELLO KATSU CURRY

4 Portionen

CURRY

½ Zwiebel
1 Karotte
1 Kartoffel
150 g gemischte Pilze (z. B. Shiitakepilze, Buchenpilze, Champignons)
40 g Butter
30 g (japanisches) Currypulver
30 g Garam Masala
40 g Weizenmehl
500 g Gemüsebrühe
15 g *Sojasauce*
15 g Honig

PILZE

180 g *Sojasauce*
90 g *Mirin*
90 g *Sake*
30 g Zucker
4 Portobellopilze
ausreichend Öl zum Frittieren
Weizenmehl zum Wenden
2 Eier
200 g Panko

REIS, GURKEN UND KOHL

80 g Weißkohl
200 g gekochter Sushireis (siehe Schritte 1-2 auf Seite 104)
Aonori und Sesam zum Bestreuen
160 g Gurken-Kimchi*

1. Für das Curry Zwiebel, Karotte und Kartoffel schälen und würfeln. Mit den Pilzen in einem Topf bei mittlerer Hitze in Butter anbraten, bis sie weich sind. Currypulver, Garam Masala und Mehl hinzufügen und gut unterrühren. Gemüsebrühe, Sojasauce und Honig dazugeben und umrühren. Aufkochen lassen und bei niedriger Hitze ca. 20 Minuten köcheln lassen, bis das Curry dick und cremig ist.

2. Währenddessen für die Pilze Sojasauce, Mirin, Sake und Zucker in einem Topf zum Kochen bringen. Hitze reduzieren, die Portobellopilze hinzufügen und 10–15 Minuten köcheln lassen, bis sie weich sind. Pilze herausheben und auf einem Teller abkühlen lassen.

3. Weißkohl in feine Streifen schneiden.

4. Öl in einem Topf auf 170 °C erhitzen. Portobellopilze zuerst in Mehl wenden, dann durch die verquirlten Eier ziehen und schließlich in Panko wenden. Im heißen Öl goldbraun frittieren. Herausheben und abtropfen lassen.

5. Portobellopilze auf dem Weißkohl anrichten. Reis mit Aonori und Sesam bestreuen. Mit Curry und Gurken-Kimchi servieren.

TAKOYAKI MOCHI STYLE

タコ
カリン
キムチ

4 Portionen

QUITTEN-KOSHO-PÜREE

2 Quitten
80 g Puderzucker
20 g Apfelsaft
20 g Weißwein
20 g *Yuzu Kosho*

OKTOPUS

1 Oktopus (ca. 1,5 kg)
1 Stange Staudensellerie
10 g Sencha (japanischer Grüntee)
150 g Salz
ausreichend Öl zum Frittieren
Kartoffelstärke zum Wenden
80 g japanische Mayonnaise
½ Bund Schnittlauch
Bubu Arare (knusprige Reiskügelchen) zum Bestreuen

TONKATSU-KIMCHI-SAUCE

160 g Tonkatsu-Sauce
50 g Kimchi*

1. Für das Püree Quitten schälen, entkernen und in dünne Spalten schneiden. Puderzucker in einem Topf karamellisieren, Quitten dazugeben, mit Apfelsaft und Weißwein ablöschen. Quitten so lange köcheln lassen, bis sie weich sind, dabei immer wieder rühren. Gekochte Quitten fein pürieren und mit Yuzu Kosho abschmecken.

2. Oktopus unter kaltem Wasser waschen, dabei darauf achten, dass alle Saugnäpfe sauber werden. Das Innere des Kopfes nach außen kehren und sorgfältig waschen.

3. Oktopus in einen großen Topf legen. Staudensellerie in grobe Stücke schneiden und zum Oktopus geben. Sencha und Salz hinzufügen und den Topf mit reichlich Wasser füllen. (Der Oktopus sollte gerade eben vollständig von Wasser bedeckt sein.) Aufkochen, dann die Hitze reduzieren. Oktopus ca. 20 Minuten garen. Topf vom Herd nehmen und den Oktopus 15–20 Minuten ziehen lassen.

4. Für die Sauce Tonkatsu-Sauce und Kimchi fein pürieren.

5. Oktopus aus dem Topf nehmen und auf ein Brett legen. Die Fangarme vom Kopf abtrennen.

6. Öl in einem Topf auf 180 °C erhitzen. Oktopusarme in Kartoffelstärke wenden und im heißen Öl 5–6 Minuten knusprig frittieren. Herausheben und abtropfen lassen.

7. Oktopus mit Tonkatsu-Kimchi-Sauce bestreichen, mit Mayonnaise, Schnittlauchringen und Bubu Arare bestreuen und mit Quitten-Kosho-Püree und der Tonkatsu-Kimchi-Sauce servieren.

RED MULLET & YUZU FENNEL

赤ボラ
フェンネル
かぼちゃ

4 Portionen

YUZU-FENCHEL

200 g Fenchel
100 g Reisessig
20 g *Yuzusaft*
5 g *Yuzuschale*
50 g Zucker
5 g Salz

KÜRBISKERN-PONZU-DRESSING

60 g *Yuzusaft*
100 g Ponzu (siehe Seite 193)
100 g *Mirin*
100 g *Sojasauce*
100 g Kürbiskernöl

ROTBARBE

250 g Sonnenblumenöl
8 Rotbarbenfilets mit Haut und Schuppen
Salz
schwarzer Pfeffer aus der Mühle

1. Fenchelknollen in feine Streifen schneiden oder hobeln. Reisessig, Yuzusaft, Yuzuschale, Zucker und Salz in einer großen Schüssel verrühren, bis sich Zucker und Salz aufgelöst haben. Fenchel in die Marinade geben und mindestens 2 Stunden ziehen lassen.

2. Für das Dressing alle Zutaten verrühren.

3. Für die Rotbarbe Öl in einem Topf auf 180 °C erhitzen. Ein Abtropfgitter auf einem großen Blech platzieren, Rotbarbenfilets mit der Haut nach oben darauflegen und das heiße Öl mit einer Schöpfkelle vorsichtig über den Fisch gießen. So oft wiederholen, bis die Haut braun ist und die Schuppen knusprig werden. Anschließend salzen und pfeffern.

4. Rotbarbenfilets auf dem Kürbiskern-Ponzu-Dressing anrichten und mit Yuzu-Fenchel servieren.

EPISODE 7

Der Handlanger

子分

Eddi befindet sich wieder in Wien, doch seine Gedanken kreisen weiterhin um den Supercrunch – das einzige Mittel, um den mächtigen Oni in die Flucht zu schlagen und damit den Markt zu retten. Die Lektionen, die Eddi bisher gelernt hat, gibt er im Mochi an sein Küchenteam weiter, aber das Unglück schläft auch hier nicht.

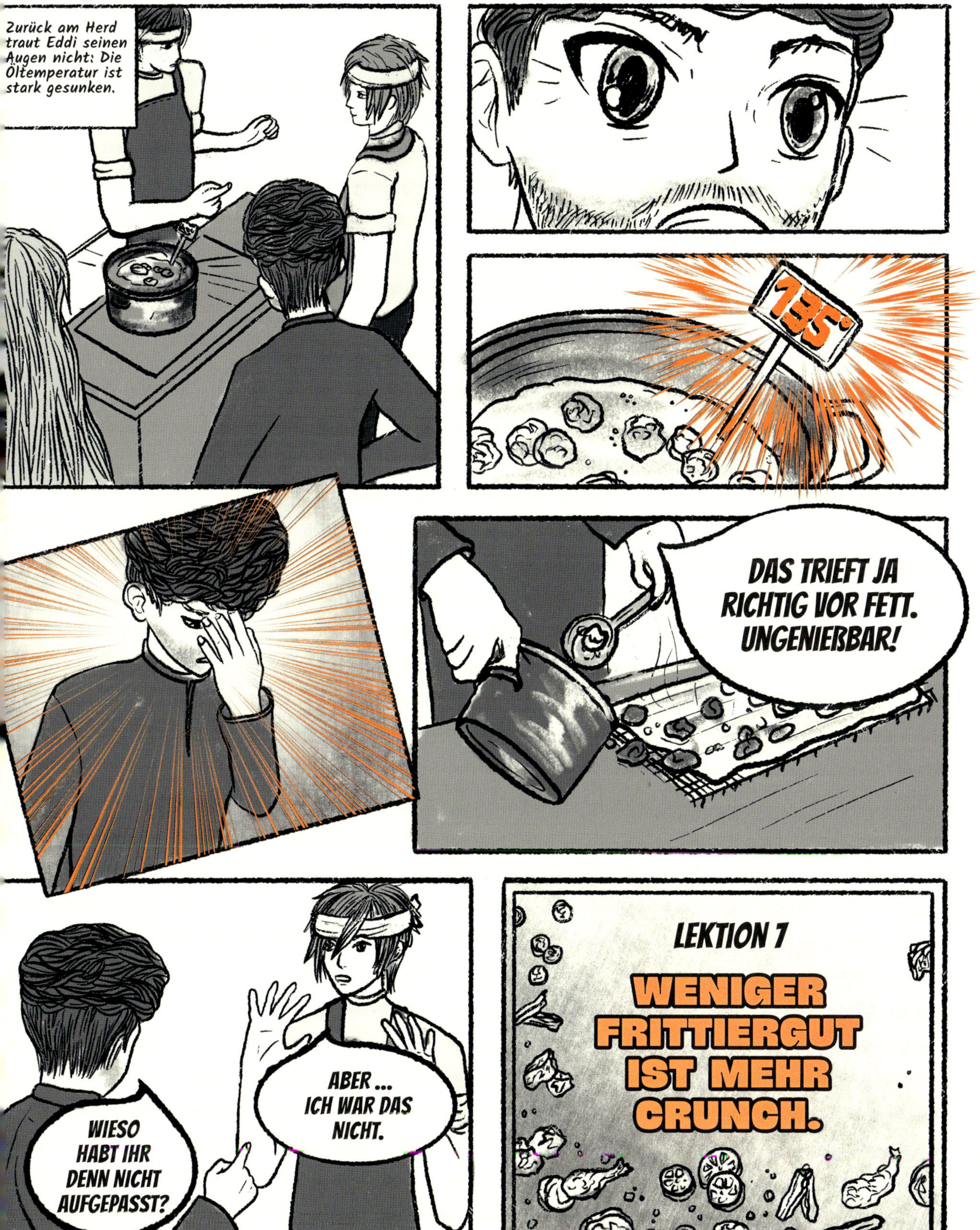

EPISODE 8

Der Kappenmann

盗人

Eddi lässt keine Gelegenheit ungenutzt, um das Rätsel des Supercrunch zu entschlüsseln – zur großen Freude von Nicole und seinen Söhnen, die so noch öfter in den Genuss seiner crispy Kreationen kommen. Doch die Zeit wird knapp. Wenn er nicht bald dahinterkommt, was ihm und der Lösung im Weg steht, war all die Mühe umsonst und der Markt wäre endgültig verloren.

Weiter geht's auf Seite 180

PICCATA ALLA MOCHINESE

チキン・わさび
パルメザンチーズ

4 Portionen

HÜHNERKEULEN

600 g ausgelöste Hühnerkeulen
ohne Haut

Salz

schwarzer Pfeffer aus der Mühle

100 g frisch geriebener Parmesan + Parmesan zum Bestreuen

4 Eigelb

ausreichend Öl zum Frittieren

Weizenmehl zum Wenden

WASABI-PONZU-SAUCE

160 g Ponzu (siehe Seite 193)

20 g *Sojasauce*

40 g *Yuzusaft*

40 g Zucker

40 g Wasabi Kizami (Mischung aus Wasabiwurzeln und -blättern, meist tiefgekühlt erhältlich) + Wasabi Kizami zum Servieren

1. Hühnerkeulen mit Salz und Pfeffer würzen. Parmesan mit Eigelb zu einer dicken Masse verrühren.
2. Öl in einem Topf auf 170 °C erhitzen. Hühnerkeulen in Mehl wenden, dann durch die Eigelb-Parmesan-Masse ziehen und sofort im heißen Öl knusprig frittieren. Da die Panade etwas dicker ist, kann dies bis zu 7 Minuten dauern.
3. Währenddessen für die Wasabi-Ponzu-Sauce alle Zutaten gut vermischen.
4. Hühnerkeulen aus dem Öl heben und abtropfen lassen. Anrichten, Parmesan und Wasabi Kizami darüber verteilen und mit Wasabi-Ponzu-Sauce servieren.

PRAWNS IN KADAIFI

エビ
カダイフィ
はちみつ

4 Portionen

150 g Kadaifiteig (Engelshaar)
8 Riesengarnelen mit Kopf und Schwanzsegment
ausreichend Öl zum Frittieren
120 g japanische Mayonnaise
60 g Knoblauchhonig (siehe Seite 193)
Kimchi-Sesam* zum Bestreuen

1. Kadaifiteig vorsichtig entrollen (das erfordert etwas Geschick) und in 8 Stücke von je ca. 15 cm Länge schneiden. Auf der Arbeitsfläche ausbreiten, je eine Garnele auf ein Ende eines Teigstücks legen und eng einwickeln. Bis zur Verwendung mit einem Küchentuch abdecken, da der Teig sonst sehr schnell austrocknet.

2. Öl in einem Topf auf 170 °C erhitzen. Garnelen darin goldbraun frittieren. Herausheben und abtropfen lassen.

3. Garnelen mit Mayonnaise, Knoblauchhonig und Kimchi-Sesam anrichten und am besten mit den Fingern genießen.

TAKESHI'S NANBAN

チキン・タルタルソース アサツキ

4 Portionen

SAUCE TARTARE

2 Eier

½ Zwiebel

25 g Gewürzgurke

1 Bund Schnittlauch

250 g Mayonnaise (siehe Seite 193)

30 g saure Sahne

30 g Schnittlauchöl (siehe Kräuteröl auf Seite 195)

Salz

schwarzer Pfeffer aus der Mühle

HÜHNERKEULEN

50 g *Mirin*

25 g *Sake*

Salz

schwarzer Pfeffer aus der Mühle

600 g ausgelöste Hühnerkeulen ohne Haut

ausreichend Öl zum Frittieren

30 g Tempuramehl (spezielle Mischung aus meist Reismehl, Weizenmehl und Stärke)

2 Eier

1 weiße Zwiebel

NANBAN-SAUCE

50 g Reisessig

50 g *Sojasauce*

50 g Zucker

30 g *Mirin*

1. Für die Sauce tartare die Eier 8–10 Minuten kochen. Kalt abschrecken, schälen und fein hacken. Zwiebel schälen und fein würfeln, Gurke in feine Würfel, Schnittlauch in feine Ringe schneiden. Mayonnaise und saure Sahne in eine Schüssel geben. Schnittlauchöl langsam einrühren. Eier, Zwiebel und Gurken dazugeben und mit Salz und Pfeffer abschmecken.

2. Für die Hühnerkeulen Mirin, Sake, Salz und Pfeffer in einer Schüssel verrühren. Keulen darin ca. 15 Minuten marinieren.

3. Währenddessen für die Nanban-Sauce Reisessig, Sojasauce, Zucker und Mirin miteinander verrühren, bis sich der Zucker aufgelöst hat.

4. Öl in einem Topf auf 170 °C erhitzen. Keulen aus der Marinade heben, mit Tempuramehl in einen Plastikbeutel geben und gut schütteln. Keulen in den verquirlten Eiern wenden. Sofort 4–5 Minuten im heißen Öl goldbraun frittieren. Herausheben und abtropfen lassen. Zwiebel schälen und in feine Ringe schneiden.

5. Keulen mit der Nanban-Sauce vermischen, dann in Stücke schneiden. Mit Sauce tartare und Zwiebelringen anrichten.

TOPINAMBUR & LABNEH

トピナンブール
ラブネ・キャビア

4 Portionen

LABNEH

1 kg griechischer Joghurt
5 g Salz
Olivenöl
Limettensaft

TOPINAMBUR

800 g Topinamburen
1 l Sonnenblumenöl
10 g Knoblauch
10 g Ingwer
10 g Thymianblätter
10 g Rosmarinnadeln
10 g grobes Meersalz
3 g schwarzer Pfeffer
100 g marinierter Kaviar (siehe Seite 85)

1. Für das Labneh Joghurt und Salz verrühren, in ein Geschirrtuch geben und über Nacht in einem Sieb über einer Schüssel im Kühlschrank abtropfen lassen.

2. Topinamburen in einen hohen Topf geben und mit Sonnenblumenöl bedecken. Knoblauch andrücken. Ingwer in grobe Stücke schneiden. Kräuter und Gewürze andrücken. Alles ins Öl geben und auf 120 °C erhitzen. Topinamburen 2 ½ Stunden confieren.

3. Labneh mit Olivenöl und Limettensaft abschmecken.

4. Topinamburen aus dem Öl heben und in einer heißen Pfanne goldbraun und knusprig braten. Mit Labneh und Kaviar anrichten und mit Olivenöl beträufeln.

REAL GOLD
Mochi

CRUNCHY CHASHU & UME

豚肉・梅

4–6 Portionen

SCHWEINEBAUCH

2–3 kg Schweinebauch
mit Schwarte ohne Rippenknochen

½ Bund Koriander

½ Bund Petersilie

1 Knoblauchzehe

20 g Ingwer

10 g *Yuzuschale*

5 g *Yuzu Kosho*

80 g Umeboshi-Paste

Salz

UME-PONZU-SAUCE

40–50 g Umeboshi
(getrocknete Salzpflaumen)

200 g Ponzu (siehe Seite 193)

Sesam oder *Shichimi Togarashi* zum Verfeinern

1. Schweinebauch mit der Schwarte nach oben auf ein Brett legen. Schwarte mit einem scharfen Messer längs bis zur Hälfte entfernen. Am Fleisch verbliebene Schwarte rautenförmig einschneiden (mit 1–2 cm Abstand zwischen den parallelen Schnitten), dabei jedoch nicht in das Fleisch schneiden.

2. Kräuter hacken, Knoblauch und Ingwer schälen und hacken. Mit Yuzuschale, Yuzu Kosho und Umeboshi-Paste vermischen. Fleisch von beiden Seiten mit Salz einreiben und mit der Schwarte nach unten auf ein Brett legen. Kräuter-Umeboshi-Paste gleichmäßig auf der Fleischseite verteilen. Fleisch einrollen, sodass die Schwarte nun außen liegt. Mit Küchengarn binden. Rolle auf ein Abtropfgitter legen und über Nacht im Kühlschrank kalt stellen. (Wichtig: Dabei nicht abdecken, damit die Schwarte trocken wird.)

3. Fleisch 1 Stunde vor dem Garen aus dem Kühlschrank nehmen. Backofen auf 180 °C vorheizen. Rolle trocken tupfen und 2–3 Stunden im Ofen garen, bis das Fleisch weich und die Kruste knusprig ist. Für extra Crunch kurz den Ofengrill zuschalten. Fleisch vor dem Servieren 30 Minuten ruhen lassen.

4. Für die Sauce Umeboshi entkernen und fein hacken. Mit Ponzu vermengen. Nach Belieben mit Sesam oder Shichimi Togarashi verfeinern und zum Fleisch servieren.

UDON & TEMPURA

うどん
めんつゆ
天ぷら

4 Portionen

UDONNUDELN

400 g Weizenmehl
+ Mehl zum Bestreuen

16 g Meersalz

4 g Reisessig

130 g Wasser

Kartoffelstärke zum Bestreuen

MENTSUYU

200 g *Sake*

200 g *Mirin*

200 g *Sojasauce*

200 g *Dashi* (siehe Seite 193)

20 g Zucker

CRISP & CRUNCH

ausreichend Öl zum Frittieren

6 *Shisoblätter*

60 g grüner Spargel

½ Rezeptmenge Tempurateig 1 (siehe Seite 195)

1 Frühlingszwiebel

1. Für die Nudeln Mehl, Salz, Reisessig und Wasser in einer Küchenmaschine zu einem geschmeidigen Teig kneten. In Frischhaltefolie wickeln und 1 Stunde bei Zimmertemperatur ruhen lassen.

2. Teig durch eine Nudelmaschine drehen, dabei auf größter Stufe beginnen und nach und nach die Dicke auf 7–8 mm reduzieren. Teigbahnen mit Mehl bestreuen und durch einen Tagliatelle-Aufsatz drehen oder mit einem Messer in Streifen schneiden. Nudeln mit Kartoffelstärke bestreuen, zu Nestern drehen, mit Frischhaltefolie abdecken und im Kühlschrank 24 Stunden reifen lassen.

3. Für die Mentsuyu Sake und Mirin in einem Topf bei mittlerer Hitze aufkochen, sodass der Alkohol verdampft. Sojasauce, Dashi und Zucker hinzugeben und kurz aufkochen lassen. Dabei regelmäßig umrühren, um den Zucker aufzulösen. Je nach Geschmack mit Wasser verdünnen. Warm halten.

4. Für Crisp & Crunch Öl in einem Topf auf 170 °C erhitzen. Shiso und Spargel durch den Tempurateig ziehen und im heißen Öl knusprig frittieren. Herausheben und abtropfen lassen. Frühlingszwiebel in feine Streifen schneiden.

5. Salzwasser in einem hohen Topf zum Kochen bringen. Udonnudeln darin bissfest garen.

6. Nudeln aus dem Wasser heben, mit Mentsuyu anrichten, mit Shiso- und Spargeltempura und Frühlingszwiebel servieren.

FISH 'N' CHIPS

4 Portionen

FISCH UND CHIPS

600 g Kabeljaufilet
60 g *Sake*
60 g *Mirin*
60 g helle *Sojasauce*
4 festkochende Kartoffeln
ausreichend Öl zum Frittieren
Fleur de Sel
2 Limetten

SAKETEIG

200 g Weizenmehl
+ Mehl zum Wenden
10 g Backpulver
100 g *Sake*
150 g Mineralwasser
5 g Salz

YUZU-KOSHO-MAYONNAISE

200 g Mayonnaise (siehe Seite 193)
5 g *Yuzu Kosho*
20 g Ponzu (siehe Seite 193)
Salz

1. Für den Fisch Kabeljaufilet in mundgerechte Stücke schneiden und in eine Auflaufform oder flache Schale legen. Sake, Mirin und Sojasauce verrühren, über dem Fisch verteilen, abdecken und ca. 20 Minuten im Kühlschrank ziehen lassen.

2. Währenddessen für die Chips Kartoffeln in sehr dünne Scheiben schneiden, für 15 Minuten in Wasser einlegen.

3. Währenddessen für den Teig Mehl und Backpulver in eine Schüssel sieben. Sake, Mineralwasser und Salz unterrühren, mit einem Tuch abdecken und 15 Minuten quellen lassen.

4. Währenddessen für die Yuzu-Kosho-Mayonnaise alle Zutaten verrühren und mit Salz abschmecken.

5. Öl in einem Topf auf 170 °C erhitzen. Kartoffelscheiben aus dem Wasser heben und gründlich trocken tupfen. Im heißen Öl goldbraun frittieren. Herausheben und abtropfen lassen. Mit Fleur de Sel würzen.

6. Fisch aus der Marinade heben und trocken tupfen. Teig einmal kräftig durchrühren. Fisch in Mehl wenden und in den Teig tauchen. Kurz abtropfen lassen, dann im heißen Öl goldgelb frittieren. Herausheben, abtropfen lassen und mit Fleur de Sel bestreuen.

7. Fisch sofort mit den Chips, der Mayonnaise und halbierten Limetten servieren.

デザート
SWEETS

TOFFEE BANANA

4 Portionen

TIPP

Dazu schmeckt Vanilleeis.

SCHOKOMOUSSE

80 g Zucker
5 Eigelb
120 g Kuvertüre
170 g Schlagsahne

DILLCALPICO

100 g Calpico
(japanischer Softdrink auf Milchbasis)
25 g Dillöl (siehe Kräuteröl auf Seite 195)

BANANEN

4 reife Bananen
120 g Weizenmehl
30 g Vanillezucker
4 g Backpulver
1 Prise Salz
1 Ei
100 g Milch
ausreichend Öl zum Frittieren
200 g Bubu Arare
(knusprige Reiskügelchen)
½ Rezeptmenge Misokaramell
(siehe Seite 176)
Dillspitzen zum Garnieren

1. Für das Schokomousse Zucker mit 40 g Wasser in einem Topf vermischen und bei mittlerer Hitze aufkochen, bis der Zucker vollständig aufgelöst ist. Sirupartig einkochen lassen.

2. Eigelb in einer großen Schüssel mit einem Handrührgerät schaumig aufschlagen. Heißen Zuckersirup langsam einrühren und dabei weiterschlagen, bis sich eine dicke, helle Masse gebildet hat. Kuvertüre grob hacken und über einem Wasserbad oder in der Mikrowelle schmelzen. Zur Eigelb-Zucker-Masse geben und gut verrühren. Sahne steif schlagen und vorsichtig unterheben, bis eine homogene Masse entstanden ist. In einen Spitzbeutel füllen und kalt stellen.

3. Für den Dillcalpico Dillöl und Calpico mischen.

4. Bananen schälen und in mundgerechte Stücke schneiden. Mehl, Vanillezucker, Backpulver und Salz in einer Schüssel mischen. Ei und Milch in einer zweiten Schüssel verquirlen. Zu den trockenen Zutaten geben und zu einem glatten Teig verrühren.

5. Öl in einem Topf auf 170 °C erhitzen. Bananenstücke zuerst in den Teig tauchen, dann in Bubu Arare wenden. Im heißen Öl goldbraun frittieren. Herausheben und abtropfen lassen.

6. Knusprige Bananen mit Schokomousse, Misokaramell, Dillcalpico und Dillspitzen anrichten.

CHOCOLATE BEIGNETS

4 Portionen

TEIG

160 g lauwarmes Wasser

150 g lauwarme Milch

60 g Zucker

4 g Trockenhefe

450 g Weizenmehl
+ Mehl für die Arbeitsfläche

15 g Kakaopulver

1 Ei

ausreichend Öl zum Frittieren

FÜLLUNG

230 g Schlagsahne

25 g Puderzucker
+ Puderzucker zum Bestreuen

1 Prise Salz

170 g Schokolade

15 g Instant-Espressopulver

1. Für den Teig Wasser, Milch und Zucker in einer kleinen Schüssel mischen. Die Trockenhefe einrühren. Ca. 15 Minuten ruhen lassen, bis die Hefe anfängt zu arbeiten.

2. Mehl und Kakao in einer großen Schüssel mischen. Mit der Hefemischung und dem Ei zu einem weichen und klebrigen Teig verkneten. Mit einem sauberen Küchentuch abdecken und 1 ½–2 Stunden an einem warmen Ort gehen lassen, bis sich das Volumen in etwa verdoppelt hat.

3. Währenddessen für die Füllung Sahne, Puderzucker und Salz in einem Topf vorsichtig erwärmen. Schokolade hacken und in die Sahne rühren, bis sie komplett aufgelöst ist. Mit Espressopulver abschmecken, in einen Spritzbeutel füllen und kalt stellen.

4. Die Arbeitsfläche mit Mehl bestreuen und den Teig darauf zu einem Rechteck ausrollen (ca. 1,5 cm dick), anschließend in ca. 5 cm große Quadrate oder ähnlich große Rechtecke schneiden.

5. Öl in einem Topf auf 170 °C erhitzen. Beignets darin goldbraun frittieren. Herausheben und abtropfen lassen.

6. Schokoladenfüllung in die Beignets spritzen. Mit Puderzucker bestreuen und heiß servieren.

YUZU CURD & KOMBU

4 Portionen

NORI-EIS

1 Vanilleschote
350 g Milch
100 g Sahne
5 *Noriblätter*
75 g Zucker
6 Eigelb
Nori Kizami zum Garnieren

YUZUCREME

3 Eier
125 g *Yuzusaft*
125 g Zucker
250 g kalte Butter
Aonori zum Bestreuen

CRISP & CRUNCH

4 *Kombublätter*
ausreichend Öl zum Frittieren
Puderzucker zum Bestreuen

1. Für das Nori-Eis Vanilleschote aufschlitzen und das Mark herauskratzen. Milch und Sahne mit Vanillemark und -schote, Noriblättern und Zucker in einem Topf aufkochen, vom Herd nehmen und 10 Minuten ziehen lassen. Anschließend die Noriblätter und die Vanilleschote entnehmen.

2. Eigelb leicht schaumig aufschlagen und unter die noch heiße Milch rühren. Nochmals kurz aufkochen lassen, vom Herd nehmen und in einem Eiswasserbad abkühlen lassen. Dabei von Zeit zu Zeit umrühren, damit sich keine Haut bildet. Die Eismasse ca. 3 Stunden tiefkühlen oder in die Eismaschine geben.

3. Für die Yuzucreme Eier, Yuzusaft und Zucker in eine Schüssel geben und über einem Wasserbad rühren, bis die Masse bindet. (Dies geschieht bei ca. 65 °C.) Zum Prüfen etwas Eimasse auf einen Holzkochlöffel geben und daraufblasen: Die sich bildende Form soll an eine Rosenblüte erinnern. Yuzucreme auf ca. 35 °C abkühlen lassen (mit einem Thermometer prüfen). Kalte Butter in Würfel schneiden und unterrühren. In einen Spritzbeutel füllen und kalt stellen.

4. Für Crisp & Crunch Kombu mindestens 15 Minuten in reichlich Wasser kochen. Wichtig: Anschließend auf Küchenpapier sehr gut abtropfen und trocknen lassen, da es sonst beim Frittieren extrem spritzen kann!

5. Öl in einem Topf auf 180 °C erhitzen. Kombublätter darin knusprig frittieren. Herausheben und abtropfen lassen. Mit Puderzucker bestreuen.

6. Yuzucreme auf die knusprigen Kombublätter spritzen und mit Aonori bestreuen. Nori-Eis daneben anrichten, mit Nori Kizami garnieren und servieren.

MISO PEANUT COOKIE

Für ca. 20 Stück

70 g Erdnussbutter ohne Stücke
30 g Saikyo *Miso*
125 g weiche Butter
25 g Glukosesirup
150 g Zucker
1 Ei
150 g Weizenmehl
1 TL Backpulver
1 TL Natron
1 Prise Salz
25 g Vollmilchpulver
50 g geröstete Erdnüsse

1. Backofen auf 180 °C vorheizen. Erdnussbutter, Miso, Butter, Glukosesirup und Zucker verrühren. Ei unterrühren. Mehl mit Backpulver, Natron, Salz und Milchpulver vermischen und zur Buttermasse geben. Mit den Knethaken des Handrührgeräts zu einem Teig verkneten.

2. Teig mit den Händen zu kleinen Kugeln rollen. Auf ein mit Backpapier ausgelegtes Blech legen und leicht flach drücken.

3. Jeweils einige Erdnüsse die Kekse drücken. 12–15 Minuten backen, anschließend auf einem Kuchengitter auskühlen lassen.

4. Frisch und knusprig, am besten mit Matcha, genießen.

SOFT ICE CREAM & MISO CARAMEL

バニラ・ブラック
サルシフィ・みそ

8-12 Portionen

SOFTEIS

1 Vanilleschote
6 Eier
750 g Sahne
100 g Honig
50 g Glukosesirup
1 Prise Salz

MISOKARAMELL

50 g Zucker
20 g Butter
25 g Sahne
10 g Saikyo *Miso*

CRISP & CRUNCH

ausreichend Öl zum Frittieren
1 Schwarzwurzel
Bubu Arare (knusprige Reiskügelchen) zum Bestreuen

1. Für das Softeis Vanilleschote aufschneiden und das Mark auskratzen. Eier trennen. Sahne in einem Topf erhitzen, Honig und Glukosesirup hinzufügen und rühren, bis sich alles aufgelöst hat. Vom Herd nehmen und in eine Schüssel füllen. Vanillemark und Eigelb dazugeben. Unter ständigem Rühren über Wasserdampf leicht eindicken lassen. Salz hinzufügen und die Masse abkühlen lassen.

2. Eiweiß steif schlagen und vorsichtig unter die abgekühlte Sahnemischung heben. In einer Eismaschine cremig und glatt gefrieren lassen. In ein Plastikgefäß geben und im Gefrierfach mindestens 2 Stunden lang tiefkühlen. Für die Zubereitung ohne Eismaschine die Sahnemischung in ein Plastikgefäß geben und 2 Stunden tiefkühlen. Gut umrühren. Wieder tiefkühlen und jede Stunde durchrühren. So oft wiederholen, bis die gewünschte Konsistenz erreicht ist.

3. Für das Misokaramell Zucker in einer Pfanne bei mittlerer Hitze unter Beobachtung goldbraun schmelzen lassen. Butter hinzufügen und vorsichtig umrühren, bis sie vollständig geschmolzen ist und sich mit dem karamellisierten Zucker vermischt hat. Sahne langsam in die Pfanne gießen, dabei ständig rühren. Miso untermischen. Hitze reduzieren und das Misokaramell 1–2 Minuten unter gelegentlichem Rühren köcheln lassen. Vom Herd nehmen und in einem hitzebeständigen Behälter abkühlen lassen.

4. Für Crisp & Crunch Öl in einem Topf auf 170 °C erhitzen. Schwarzwurzeln schälen und in dünne Scheiben schneiden. Im heißen Öl goldbraun und knusprig frittieren. Herausheben und abtropfen lassen.

5. Softeis mit Misokaramell, Schwarzwurzelchips und Bubu Arare anrichten und sofort servieren.

STICKY RICE & MANGO

4 Portionen

REIS

100 g Klebreis
200 g Kokosmilch
100 g Milch
100 g Zucker
1 Prise Salz

KOKOSCHIPS

1 Kokosnuss

MANGOSAUCE

150 g Mangopüree
50 g Zucker
1 Prise Salz
1 TL Kartoffelstärke zum Binden
2 reife Mangos

KOKOS-ESPUMA

2 g Gelatine
100 g Kokosmilch
75 g Milch
20 g Sahne
30 g Zucker
1 Prise Salz

1. Klebreis in warmem Wasser mehrmals gründlich waschen, dabei das Wasser so oft wechseln, bis es klar bleibt. Reis mindestens 4 Stunden, besser über Nacht in frischem Wasser einweichen.

2. Für die Kokoschips Backofen auf 50 °C vorheizen. Kokosnuss aufbrechen, das Fruchtfleisch mit einem Sparschäler in dünne Streifen schneiden und im Ofen mehrere Stunden trocknen. Herausnehmen und abkühlen lassen.

3. Reis abgießen, in einen Bambuskorb geben und mit einem feuchten Küchentuch abdecken. In einem Topf über kochendem Wasser ca. 30 Minuten dämpfen.

4. Währenddessen Kokosmilch, Milch, Zucker und Salz verrühren. Gekochten Reis in eine Schüssel geben und die Kokosmilch-Zucker-Mischung unterheben. (Dabei muss der Reis noch heiß sein, damit die Mischung komplett aufgenommen wird.)

5. Für die Mangosauce Mangopüree, Zucker, Salz und 100 g Wasser in einem Topf erwärmen. Kartoffelstärke mit etwas Wasser glatt rühren und das Püree damit binden. Abkühlen lassen. Mangos schälen und in Würfel schneiden. Unter das Mangopüree heben.

6. Für den Kokos-Espuma Gelatine in kaltem Wasser einweichen. Kokosmilch, Milch, Sahne, Zucker und Salz vorsichtig erwärmen. Gelatine ausdrücken, zur warmen Kokosmilch geben und mit einem Schneebesen unterrühren. In eine Espuma-Flasche füllen, zwei Sahnekapseln aufschrauben und kräftig schütteln, anschließend kalt stellen. Für die Zubereitung ohne Espuma-Flasche die Kokosmilchmischung mit dem Handmixer aufschlagen.

7. Sticky Rice mit Mangosauce anrichten, Espuma daraufsprühen und mit Kokoschips garnieren.

EPISODE 9

Der Plan

計画

Nachdem sie Eddis Verfolger nach einem versuchten Überfall auf dem Markt das Handwerk gelegt und ihn zur Rede gestellt haben, finden sich Kimiko und Eddi in der obersten Etage eines Wolkenkratzers im Geschäftsviertel wieder. Dort stehen sie dem boshaften Strippenzieher gegenüber. Was, wenn Eddi nicht der einzige ist, den der skrupellose Geschäftsmann manipuliert hat?

EPISODE 10 ショーダウン

Der Showdown

Der Tag der Wahrheit. Alle Marktverkäuferinnen und Marktverkäufer, Bewohnerinnen und Bewohner des Gebiets haben sich auf dem Markt versammelt, um ihrem dämonischen Peiniger die Stirn zu bieten. Eddi und Kimiko sind eifrig dabei, Eddis crunchy Snacks unter den Anwesenden zu verteilen, als sich der Himmel unter lautem Donnern verfinstert …

乾杯 DRINKS

Ein Hoch auf den Highball! Als Symbol für die japanische Kunst des Genießens ist der Highball in Bars im ganzen Land Stammgast. Während sein Name anderenorts ganz allgemein für mit Kohlensäure versetzte Longdrinks genutzt wird, gilt er in Japan explizit der harmonischen Kombination aus sanftem reichhaltigem Whisky und kühlem sprudelndem Wasser. Mit einem Highball kommt man nicht nur in den Genuss vielfältiger Geschmacksnoten und Aromen, sondern erlebt auch die japanische Gastfreundschaft und Barkultur aus der ersten Reihe. Die Zubereitung des Klassikers wird nämlich mit Präzision zelebriert und geht immer mit einer künstlerischen Komponente einher. Um das perfekte Geschmackserlebnis zu kreieren, wählen Barkeeper*innen sorgfältig die feinsten Spirituosen aus und verfeinern stets ihre Technik beim Einschenken und Rühren. Bei so viel Hingabe, die in jeden Handgriff gelegt wird, kommt man als Gast auf der anderen Seite des Tresens gar nicht umhin, sich geehrt und respektiert zu fühlen. Als bevorzugtes Getränk der Arbeiterklasse gewann der Highball im Japan der 1950er-Jahre rasch an Popularität und entwickelte sich bald zur beliebtesten Art, Whisky zu genießen. Ob nach einem langen Arbeitstag, in geselliger Runde mit Freund*innen und Kolleg*innen, zu japanischen Gerichten oder einfach so – wer einen Highball trinkt, versteht es, das Leben zu genießen. Sinnlicher und eleganter lässt es sich kaum darauf anstoßen. In diesem Sinne: Kanpai!

SOLID ICE

Eis ist nicht gleich Eis. Daher verwenden wir für unsere Highballs und Cocktails handgemachtes Solid Ice. Damit es beim Übergießen mit den Getränken nicht zerspringt, fächern wir es an, um es etwas zu erwärmen.

Um Solid Ice herzustellen, ein Plastikgefäß mit Wasser füllen und einfrieren. Eis aus dem Gefäß nehmen. Mit einem gezackten Messer (und etwas Übung) in die gewünschte Form – z. B. Würfel oder Sticks – schneiden.

SUNDAY'S WHISKY HIGHBALL

サンデー
ウイスキー
ハイボール

sandē uisukī haibōru

5 cl Sunday's Whisky
100-150 ml Sodawasser
Zitronenzeste
Solid Ice

Ein hohes Glas mit Solid Ice füllen, Spirituose hinzufügen. Drink mit Sodawasser aufgießen. Eis mit einem Löffel anheben (nicht umrühren), damit sich die Zutaten sanft vermischen. Zeste über dem Drink knicken, wodurch sich das Aroma der ätherischen Öle wunderbar entfalten kann. (Dies verleiht dem Drink die nötige Frische.) Drink mit der Zeste garnieren.

JAPANESE BOULEVARDIER

日本風
ブールヴァルディエ

nihonfu būruvuarudie

3 cl Sunday's Whisky
3 cl Fernet Hunter BC
3 cl apros Red Vermouth
getrocknete Heidelbeeren
Solid Ice

Solid Ice in ein Tumbler-Glas geben, die Spirituosen hinzufügen. Mit einem Barlöffel ca. 10 Sekunden verrühren. Drink mit getrockneten Heidelbeeren garnieren.

UME GRANIT HIGHBALL

うめグラニット
ハイボール

ume granitto haibōru

5 cl Fernet Hunter Granit

100–150 ml Kimino Ume Sparkling Juice

Grapefruitzeste

Solid Ice

Ein hohes Glas mit Solid Ice füllen, Spirituose hinzufügen. Drink mit Limonade aufgießen. Eis mit einem Löffel anheben (nicht umrühren), damit sich die Zutaten sanft vermischen. Zeste über dem Drink knicken, wodurch sich das Aroma der ätherischen Öle wunderbar entfalten kann. (Dies verleiht dem Drink die nötige Frische.) Drink mit der Zeste garnieren.

飲み物

HUNTER YUZU HIGHBALL

ハンター柚子ハイボール

hantā yuzu haibōru

5 cl Fernet Hunter

100–150 ml Kimino Yuzu Sparkling Juice

1 getrockneter Lavendelzweig

Solid Ice

Ein hohes Glas mit Solid Ice füllen, Spirituose hinzufügen. Drink mit Limonade aufgießen. Eis mit einem Löffel anheben (nicht umrühren), damit sich die Zutaten sanft vermischen. Drink mit Lavendel garnieren.

BLACK SESAME SOUR

黒ごまサワー　kuro goma sawā

5 cl Sunday's Whisky
30 ml frisch gepresster Zitronensaft
15 ml Zuckersirup (siehe Seite 195)
15 ml schwarze Sesampaste
15 ml Eiweiß/Aquafaba (vegan)
Sesam-Karamell-Chip (siehe unten)
Solid Ice

Solid Ice in ein Tumbler-Glas geben. Alle anderen Zutaten in einem Shaker kräftig durchschütteln. (Für einen perfekten Schaum die Spirale von einem Eiweißshaker verwenden.) Shaker öffnen, Solid Ice hinzufügen und alles ein zweites Mal ca. 12 Sekunden shaken, um den Drink zu kühlen. Inhalt des Shakers in das Glas abseihen und den Drink mit einem Sesam-Karamell-Chip garnieren.

SESAME CARAMEL CHIP

ごまカラメルチップ　goma karameru chippu

100 g Butter
90 g Zucker
15 g Glukosesirup
30 g Weizenmehl
weißer und/oder schwarzer Sesam zum Bestreuen

1. Butter in einem Topf schmelzen, Zucker und Glukosesirup hinzufügen, alles zum Kochen bringen. Vom Herd nehmen. Mehl nach und nach unterrühren. In eine Auflaufform gießen und im Kühlschrank auskühlen lassen.
2. Backofen auf 180 °C vorheizen. Teigmasse in kleine Würfel schneiden, nach Belieben zu Kügelchen formen, auf ein mit Backpapier ausgelegtes Backblech legen und 5–6 Minuten goldbraun backen.
3. Blech aus dem Ofen nehmen, noch heiße Chips mit Sesam bestreuen. Auf einem Kuchengitter auskühlen lassen. Luftdicht verschlossen aufbewahren.

GRUNDREZEPTE

基本的なレシピ

MAYONNAISE

mayonēzu マヨネーズ

FÜR CA. 300 G
2 frische Eigelb (Größe M)
1 TL mittelscharfer Senf
250 g Sonnenblumenöl
30 g Reisessig
30 g *Mirin*
5 g *Dashi* (siehe Seite 193)
Salz

1.
Eigelb und Senf in eine Schüssel geben und mit einem Schneebesen kurz verrühren. Ein Viertel des Öls tröpfchenweise einrühren, bis sich Öl und Eigelb zu einer glatten Creme verbunden haben.

2.
Restliches Öl in einem dünnen Strahl langsam unter ständigem Rühren zugießen und alles zu einer dickcremigen Mayonnaise aufschlagen. Mit Reisessig, Mirin, Dashi und Salz abschmecken. Die Mayonnaise hält im Kühlschrank ca. 2 Tage.

PONZU

ponzu ポン酢

FÜR CA. 600 G
180 g *Sake*
150 g *Mirin*
180 g *Sojasauce*
5 g Katsuobushi (Bonitoflocken)
10 g *Kombu*
½ Orange
½ Limette
½ Zitrone

1.
Sake und Mirin in einem Topf aufkochen und vom Herd nehmen. Sojasauce, Katsuobushi und Kombu unterrühren. Orange, Limette und Zitrone in Scheiben schneiden und ebenfalls zur Sauce geben.

2.
Mindestens 2 Wochen ziehen lassen – je älter die Sauce, umso besser der Geschmack. Durch den Alkohol ist sie fast unbegrenzt haltbar. Vor Gebrauch abseihen und auffangen.

KNOBLAUCHHONIG

gārikku hanī ガーリック・ハニー

FÜR 1 GLAS
100 g Knoblauchzehen
200 g flüssiger Waldhonig

1.
Knoblauch schälen, in ein Bügelglas geben und mit Honig übergießen. Mit einem sauberen Löffel durchrühren und das Glas verschließen.

2.
Knoblauchhonig zum Fermentieren mindestens 4 Wochen bei Zimmertemperatur, jedoch nicht in direktem Sonnenlicht stehen lassen. Der Honig ist mehrere Monate haltbar.

TIPP
Der Knoblauchhonig passt gut zu Gegrilltem, eignet sich hervorragend zum Glasieren von Fleisch und Geflügel oder zum Süßen bzw. Würzen von Suppen, Saucen und Salatdressings.

DASHI

dashi だし

Für 1,6 L
40 g *Kombu*
2 l kaltes Wasser
60 g Katsuobushi (Bonitoflocken)

1.
Ein sauberes Tuch anfeuchten, Kombu vorsichtig und sorgfältig damit abwischen. (Seetang nicht waschen, weil er dadurch an Geschmack einbüßt.) Wasser und Kombu in einem großen Topf bei niedriger bis mittlerer Temperatur langsam erhitzen. Sobald kleine Blasen aufsteigen, ein Stück Kombu zum Testen aus dem Topf nehmen: Es sollte an der dicksten Stelle weich sein. Falls nicht, weitere 3–4 Minuten ziehen lassen.

2.
Kombu aus dem Topf nehmen. Flüssigkeit aufkochen, Katsuobushi hinzufügen. Topf vom Herd nehmen und den Schaum abschöpfen.

3.
Sobald sich das Katsuobushi am Boden absetzt (das dauert 30–40 Sekunden), die Brühe durch ein Tuch abseihen und auffangen. Die Flocken dabei nicht auspressen, damit die Flüssigkeit klar bleibt. Das Dashi ist im Kühlschrank ca. 5 Tage haltbar.

CHILICRUNCH

chiri kuranchi チリ・クランチ

FÜR 1 GLAS
40 g Ingwer
1 rote Zwiebel
30 g Knoblauch
50 g Erdnüsse
ausreichend Erdnussöl zum Frittieren
1 Lorbeerblatt
1 Zimtstange
20 g getrockneter Arbol-Chili
100 g Röstzwiebeln
3-4 Kardamomkapseln
5 g Chinese Five Spice
30 g weißer Sesam
30 g schwarzer Sesam
5-10 g Fleur de Sel
15 g Rohrzucker oder Ahornsirup

1.
Ingwer, Zwiebel und Knoblauch schälen. Ingwer und Zwiebel in grobe Würfel, Knoblauch in Scheiben schneiden. Erdnüsse hacken.

2.
Öl in einem Topf bei mittlerer Temperatur auf 160 °C erhitzen. Ingwer, Zwiebel, Knoblauch, Lorbeer und Zimt darin frittieren, bis die Zwiebel leicht braun wird. Aus dem Öl heben und in ein feuerfestes Glas geben. Restliche Zutaten hinzufügen und verrühren.

3.
Öl erneut auf 160 °C erhitzen und so viel davon in das Glas über die Zutaten gießen, bis diese bedeckt sind. Im Öl aufbewahrt ist der Chilicrunch mehrere Monate haltbar.
Crunch mit Öl oder separat verwenden, das Öl eignet sich auch zum Beträufeln.

TIPP
Der Crunch passt gut zu Fleisch, Fisch, Nudeln oder Avocadotoast.

SUSHIREIS

sushimeshi 寿司飯

FÜR 4 PORTIONEN

Für den Reis
500 g Sushireis
500 g Wasser

Für die Marinade
85 g Reisessig
40 g Zucker
15 g Salz
10 g *Kombu*

1.
Reis in eine Schüssel mit sehr kaltem Wasser geben und mit den Händen durchrühren. Das trübe Wasser abgießen. Diesen Schritt so oft wiederholen, bis das Wasser klar bleibt. So werden Stärke und eventuell vorhandene Dreckpartikel herausgewaschen.

2.
Reis und Wasser (Verhältnis 1:1) in einem Topf zum Kochen bringen. Hitze reduzieren und den Reis ca. 20 Minuten köcheln lassen. Topf vom Herd nehmen, Reis ca. 25 Minuten zugedeckt ausquellen lassen.

3.
Für die Marinade alle Zutaten verrühren und ziehen lassen, bis sich Zucker und Salz aufgelöst haben.

4.
Eine Hangiri-Schüssel mit einem feuchten Tuch auswischen. Gekochten Reis in die Schüssel geben, die Marinade nach und nach hinzufügen und vorsichtig unterrühren. Dabei darauf achten, den Reis nicht zu zerdrücken. Reis auf Körpertemperatur abkühlen lassen. (Wenn vorhanden, dazu einen Fächer verwenden; so wird der Reis schön glänzend.)

5.
Eine Holzschüssel mit einem Tuch auslegen und den Reis hineingeben. Tuch über dem Reis zusammenschlagen, um ihn für den späteren Verzehr warm zu halten.

TIPP
Statt einer Hangiri-Schüssel kann auch eine Plastikschüssel verwendet werden – dann jedoch etwas weniger Marinade zum Reis geben.

TEMPURATEIG 1

tempurakoromo 1 天ぷら衣 1

150 g Tempuramehl (spezielle Mischung aus meist Reismehl, Weizenmehl und Stärke)
25 g Kartoffelstärke
250 g eiskaltes Mineralwasser
3 g Salz

Tempuramehl, Kartoffelstärke, Mineralwasser und Salz in einer Schüssel mit einem Schneebesen behutsam verrühren, bis der Teig gerade eben bindet. Der Teig muss nicht glatt sein, er darf ruhig noch einige Klümpchen enthalten – dadurch wird er noch knuspriger. Der Teig lässt sich maximal 1 Tag aufbewahren.

TEMPURATEIG 2

tempurakoromo 2 天ぷら衣 2

100 g Weizenmehl
30 g Kartoffelstärke
15 g Backpulver
200 g eiskaltes Wasser
1 Ei

Mehl, Kartoffelstärke und Backpulver in einer Schüssel vermischen. Wasser und Ei in einer zweiten Schüssel verquirlen, nach und nach unter die Mehlmischung rühren und alles zu einem glatten Teig vermengen. Er lässt sich maximal 1 Tag aufbewahren.

TEMPURATEIG 3

tempurakoromo 3 天ぷら衣 3

75 g Reismehl
75 g Tapiokastärke
2 g Salz
200 g eiskaltes Mineralwasser

Reismehl, Tapiokastärke und Salz in einer Schüssel vermischen. Mineralwasser hinzufügen und kurz zu einem glatten Teig verrühren. Ca. 10 Minuten ruhen lassen. Der Teig lässt sich maximal 1 Tag aufbewahren.

TIPP FÜR TEMPURATEIG

Damit der Teig immer eiskalt ist (= Cruncheffekt), die Schüssel auf Eiswürfel stellen.

KRÄUTERÖL

hābuoiru ハーブオイル

50 g Kräuter (z. B. Schnittlauch, grüne Teile vom Lauch, Dill, Koriander, Basilikum, Estragon, *Shiso*)
100 g Sonnenblumenöl

Methode 1
Kräuterblätter und Öl im Thermomix bei 80 °C ca. 10 Minuten mixen. Anschießend durch ein feines Sieb passieren und kalt stellen.

Methode 2
Kräuterblätter und Öl ca. 5 Minuten zu einem Brei pürieren. In einen Topf geben und bei niedriger Temperatur erhitzen. Sobald Blasen aufsteigen, den Topf vom Herd nehmen. Kräuteröl durch ein feines Sieb passieren und kalt stellen.

Das Kräuteröl dunkel und kühl aufbewahren. Zur Weiterverwendung das grüne Öl vorsichtig vom Satz abnehmen. Im Kühlschrank hält sich das Öl ca. 4 Wochen, es kann aber auch eingefroren werden und ist dann ca. 6 Monate haltbar.

TIPP

Bei eher hellen Kräutern wie Koriander, Basilikum oder Minze ein wenig Spinat hinzufügen, um das Grün des Kräuteröls zu verstärken.

ZUCKERSIRUP

shugāshiroppu シュガーシロップ

700 g Wasser
1 kg Zucker

Wasser und Zucker in einem Topf verrühren und zum Kochen bringen. Abkühlen lassen, dann verschlossen aufbewahren. Der Sirup hält sich mehrere Wochen.

フライ・デー

いただきます
KIKKO BĀ
di-sa 17–00h
まっちゃ ソフトクリーム
清酒

ごちそうさまでした
NIPPN

SUSHI & GRILL

Mochi sind kleine gefüllte Klebreisbällchen, die in Japan bei besonderen Anlässen und zu Neujahr als Glücksbringer verschenkt werden. Weil ihr Name mindestens so toll klingt, wie sie schmecken, hat das Vierergespann kurzerhand sein erstes gemeinsames Lokal danach benannt. Das Mochi verbindet traditionelle japanische Küche mit europäischen und internationalen Einflüssen. Sushi und Sashimi, Tapas, Karaage (Frittiertes), Yakitori (gegrillte Spieße) und Robata (Grillgerichte) kommen wie bei Freunden zuhause zum Teilen in die Tischmitte. Beim mittäglichen Business Lunch stehen Donburi - Reisschalen mit Fleisch, Fisch oder Gemüse - im Mittelpunkt. Im Sommer lädt neben der Bar entlang der offenen Küche und den Tischen im Lokal ein schattiger Gastgarten zum Verweilen ein.

Praterstraße 15,
1020 Wien
www.mochi.at/#mochi

RAMEN BAR

Die Mochi Ramen Bar ist eine Hommage an die Nudelsuppenküche Japans. Seit Anfang 2017 wird die japanische Kultsuppe am Vorgartenmarkt im zweiten Bezirk mit täglich frisch hausgemachten Ramennudeln, kräftigen Brühen und vielfältigen Toppings zelebriert. Zum Auftakt gibt's japanische Tapas, zu Mittag wechselnde Tagesspecials und zum Abschluss Desserts, Mochi natürlich auch. Anders als im Stammhaus werden in der Mochi Ramen Bar keine Reservierungen entgegengenommen - first come, first served!

Vorgartenmarkt Stand 12 & 29,
1020 Wien
www.mochi-ramen.com

KOCHWERKSTATT

Wer schon immer wissen wollte, wie die Lieblingsgerichte aus der Mochi-Lokalfamilie entstehen, wird in den Masterclasses von Eddi Dimant im KŌBŌ im zweiten Bezirk fündig. Dass das KŌBŌ weit mehr ist als eine Kochschule, verrät bereits der japanische Name, der übersetzt „Werkstatt" bedeutet. Ganz in diesem Sinne ist die Kochwerkstatt als Ort der Kreativität und des Austauschs gedacht - für Gäste wie für das Mochi-Team selbst, das die Location zum Experimentieren und für Weiterbildungen nutzt. Die aktuellen Masterclass-Termine finden sich auf der KŌBŌ-Website.

Ferdinandstraße 13,
1020 Wien
www.k-o-b-o.com

MOCHI AM MARKT

o.m.k

KIKKO BĀ

MEXICAN & NIKKEI

Am Vorgartenmarkt unweit der Mochi Ramen Bar trifft im Mochi am Markt Japan auf Peru und Mexiko. Das Ergebnis ist ein Kurzurlaub für die Sinne, in dem die Gäste eine spannende Nikkei-Küche in kalt und warm erwartet - genauso wie mexikanische Tacos und Tostadas. Dazu gibt's neben hausgemachten Limonaden eine große Auswahl an biodynamischen Weinen und japanischem Sake. Im beheizbaren Gastgarten lässt es sich auch bei schlechtem Wetter gut verweilen.

Vorgartenmarkt Stand 16,
1020 Wien
www.mochi.at/#mochi-am-markt

TAKE-AWAY, DELI & SHOP

Das 2014 eröffnete o.m.k. in der Praterstraße befindet sich direkt gegenüber vom Mochi; seit 2022 gibt es mit dem o.m.k am Hohen Markt auch mitten in der Stadt einen Asian Gourmet Shop. Die Abkürzung steht für O-Mochi-Kaeri, was auf Japanisch so viel wie „Take-away" bedeutet. Der Name ist Programm, denn im japanischen Pendant zum Feinkostladen lassen sich nicht nur Sushi, Maki, hausgemachte Salate und Donburis, sondern auch japanische Produkte wie Sake und Miso sowie eine kleine, feine Auswahl an japanischer Keramik mit nach Hause nehmen. Oder man lässt es sich direkt vor Ort gutgehen und genießt anschließend zum Dessert noch einen Kaffee oder Matcha im Gastgarten.

Praterstraße 16, 1020 Wien
Hoher Markt 2, 1010 Wien
www.o-m-k.com

WINE BAR & SNACKS

Mit der Kikko Bā in der Schleifmühlgasse hat der Haussake Kikko, der in den anderen Lokalen der Mochi-Familie längst Stammgast ist, 2019 ein Zuhause gefunden: eine Sake- und Weinbar mit wechselnden Snacks und internationalem Naturweinangebot. Basis für die kleinen Gerichte bleibt die japanische Küche. Von ihr ausgehend bricht die Küchenmannschaft zu kulinarischen Abstechern in andere Länder auf.

Schleifmühlgasse 8,
1040 Wien
www.kikko.at

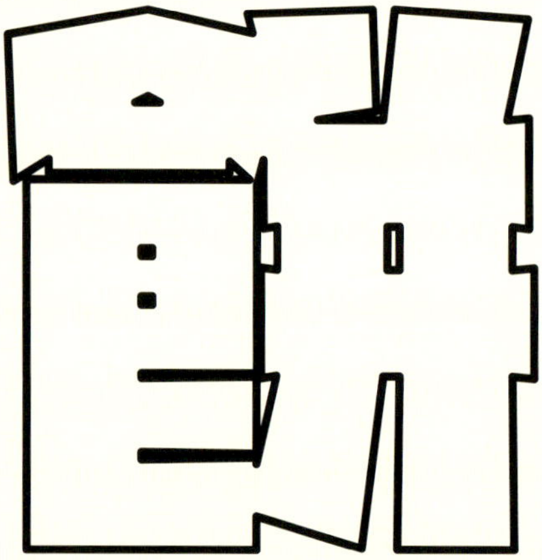

Die Mochis

Dass sie ein gutes Team abgeben, stellten Eduard und Nicole Dimant, Tobias Müller und Sandra Jedliczka bereits als Kolleg*innen in der Berliner Gastronomie fest. Nach acht Jahren Zusammenarbeit wagte das Vierergespann mit dem Mochi den Schritt in die Selbstständigkeit. Mittlerweile ist das Mochi mit den o.m.k. Delis und Shops, der Mochi Ramen Bar, der Kikko Bā, dem Mochi am Markt und der KŌBŌ-Kochwerkstatt eine über die Stadtgrenzen hinaus bekannte Institution in Wien. Das erste Mochi-Kochbuch „Izakaya" wurde mehrfach ausgezeichnet.

NEXT GENERATION MOCHI

EDDI

NICOLE

TOBI

SANDRA

ありがとうございます

Danke!

Wir bedanken uns bei Michi Bauböck für das wunderbare Geschirr, das die Gerichte in diesem Buch noch besser zur Geltung bringt. Herzlichen Dank an Takeshi Yoshida, den Culinary Chef unserer Kochwerkstatt KŌBŌ, und Mochi Executive Chef Philipp Sieler für eure Unterstützung. Danke an Andreas Lugmayr von Shop Vol % für die tollen Drink-Rezepte. Ein großes Dankeschön an Gaggenau für die großartige Küche, in der wir kochen dürfen.

Bureau F —

ART DIRECTION UND GRAFIK

Das Wiener Design Studio wurde 2012 von Fabienne Feltus und Philipp Stürzenbecher gegründet und hat sich auf Art Direction, Branding und Storytelling spezialisiert. Originalität, ein spielerischer Zugang und ihre Liebe zur Ästhetik prägen die Arbeit der Designer*innen. Neben der Entwicklung und Gestaltung schöner verantwortungsvoller Marken ist es vor allem die Zusammenarbeit mit zukunftsorientierten Unternehmen, die das Team antreibt und gemeinsam mit ihren Kund*innen wachsen lässt. Mit den Mochis teilt Bureau F seine Begeisterung für die japanische (Ess-)Kultur, was nicht zuletzt bei den Designs für die Restaurantfamilie spürbar ist.

www.bureauf.com

Katharina Wind

LEKTORAT

Katharina fand nach dem Studium der Germanistik und Anglistik in Deutschland und England nach Wien. Kulinarisch geschult wurde sie bei Babette's - Spice and Books for Cooks, Wiens charmantestem Kochbuch- und Gewürzgeschäft. Als Lektorin liebt sie das Kochen im Kopf und die Möglichkeit, Wörter duften zu lassen. Für „Crispy & Crunchy“ hat sie sich durch Eddis neue Rezepte geknuspert und dabei nicht nur einmal den Schreib- durch den Esstisch ersetzt.

Vanessa Maas

FOTOGRAFIE

Zur Fotografie kam Vanessa, nachdem sie bereits als Dekorateurin, Journalistin und PR-Managerin für internationale Bands Karriere gemacht hatte. Ihre ganz eigene Art, Menschen und Stimmungen in Fotos einzufangen, führte sie 2014 zu ihrem ersten Kulinarik-Auftrag. Ihre dort gefundene Liebe zur Foodfotografie hält bis heute an. Inspiration und gute Laune findet Vanessa beim Schlendern durch die engen, alten Gassen Wiens - neben Hamburg ihre Wahlheimat. Auch beim zweiten Mochi-Kochbuch konnte sie ihr Talent für Styling, Farben, Licht und Bildkomposition wieder voller Herzblut einbringen. Ihre unverwechselbaren Fotos machen einfach glücklich.

Yona Schuh

MANGA

Yona Schuh ist Illustrator und freischaffender Künstler in Wien mit einer großen Liebe für japanische Kunst und Mythologie. Neben Projekten wie diesem gestaltet er unter dem Namen „Kabujiro“ Poster und Merchandise inspiriert von Japan.

www.kabujiro.com @kabujiro

Sarah Satt

TEXTE UND STORY

Sarah Satt hat in Wien Werbung studiert und an der Slow-Food-Universität im Piemont von Landwirt*innen, Produzent*innen und Gastronom*innen aus der ganzen Welt gelernt. Unter dem Motto „Der Appetit kommt beim Lesen“ schreibt die gebürtige Steirerin kulinarische Texte, Kochbücher und Romane. Mit unterschiedlichen Textgattungen experimentiert Sarah so gerne wie mit spannenden Zutaten in der Küche. Umso mehr Spaß hat es ihr gemacht, im Rahmen dieses Projekts ihre erste Manga-Story zu verfassen.

www.sarahsatt.com

DASHI

ist eine subtile Brühe, die den Geschmack von Speisen intensiviert und runder macht. Das Grund-Dashi (erstes Dashi oder Ichiban Dashi) wird aus Kombu und Katsuobushi zubereitet. Eine vegetarische Variante kann mit getrockneten Shiitakepilzen zubereitet werden. Die Brühe verliert ihr Aroma beim Einfrieren, daher am besten frisch verwenden oder maximal 5 Tage im Kühlschrank lagern.

KOMBU

ist getrockneter Seetang und kann von dick und steingrau bis dünn und grün variieren. Die weiße Schicht auf dem Seetang ist die Substanz des natürlichen Glutamats. Obwohl Kombu nicht verdirbt, verblasst sein subtiles Meeresaroma nach etwa einem Jahr. Am besten an einem dunklen, trockenen Ort aufbewahren.

MIRIN

ist ein sirupartiger Reiswein mit niedrigem Alkoholgehalt und wird als Gewürz und Glasur verwendet. Mirin bester Qualität wird ähnlich wie Sake hergestellt, die meisten kommerziell erhältlichen Marken enthalten jedoch zugefügten Zucker. Mirin verdirbt nicht leicht, sein Aroma verblasst jedoch schnell. Verschluss und Rand nach jedem Gebrauch gut abwischen, da sie sonst leicht verkleben.

MISO

Die Vielfalt der Rohmaterialien und die Dauer der Fermentationszeit ergeben eine breite Palette mit Aromen von mild bis stechend und Texturen von glatt bis stückig. Shiro Miso („weißes" Miso) verwendet man für Rezepte, die nach leichtem Miso verlangen. Saikyo Miso ist eine süße Misopaste, die oft für die Herstellung von Süßwaren verwendet wird.

NORI/AONORI/NORICHIPS/NORI KIZAMI

Nori sind Speisealgen, die nach der Ernte zerkleinert, gepresst und dann getrocknet werden. In den Handel gelangen sie meist als hauchdünne Blätter. Sie schmecken leicht süßlich und passen ebenso zu Gemüsegerichten wie zu Fisch oder Fleisch; besonders bekannt sind sie von Sushirollen.

Aonori sind knusprige Algenflocken, **Norichips** sorgen für Extra-Crunch.

Nori Kizami sind in feine Streifen geschnittene Noriblätter.

Sämtliche Noriprodukte gibt es fertig im Handel zu kaufen. Immer gut verschlossen lagern, damit sie knusprig bleiben.

SAKE

Das Nationalgetränk Japans wird fälschlicherweise oft als „Reiswein" bezeichnet, wird jedoch nicht gekeltert, sondern gebraut. Sake eignet sich zum Ablöschen, Marinieren oder Einlegen ebenso wie als Speisebegleitung.

SESAMÖL

gibt es in zwei Varianten: Das dunkle Öl schmeckt aromatisch und sehr intensiv nach gerösteten Sesamsamen. Es eignet sich hauptsächlich als Geschmacksakzent. Das helle Öl ist milder und eignet sich auch zum Braten und Frittieren.

SHICHIMI TOGARASHI

ist eine vielseitig einsetzbare Gewürzmischung, meist bestehend aus grob gemahlenen Chilischoten, Sesam, Hanfsamen, Nori, Yuzu, Sanshopfeffer und Orangenschale. Auch Ingwer, Shiso oder Mandarinenschale sind mögliche Zutaten. Shichimi Togarashi passt immer dann, wenn eine gewisse Schärfe gewünscht wird.

SHISO/SHISOKRESSE

Shiso ist mit Minze und Basilikum verwandt und auch unter dem Namen Perilla bekannt. Sowohl die Blätter als auch die Samenkapseln sind genießbar. Zu kaufen gibt es die Blätter meist in Stapeln; schwarze Flecken bzw. zerfallende Kanten sind Anzeichen für fehlende Frische. Grüne Blätter können als Kraut, Tempura oder Beilage verwendet werden.

Shisokresse schmeckt anis- bis minzartig und passt auch gut zu Desserts.

SOJASAUCE

Der Geschmack von Sojasauce ist abhängig von ihren Zutaten und ihrer Herkunft. Dunkle Sojasauce hat eine dunkelbraune Farbe und ein fruchtiges Aroma. Diese Art ist gemeint, wenn wir in unseren Rezepten nur „Sojasauce" angeben. Helle Sauce ist etwas salziger und nicht für Sushi geeignet. Süße Sojasauce stammt aus Thailand, ist dickflüssig und kann ähnlich wie Teriyakisauce eingesetzt werden.

YUZU/YUZU KOSHO

Yuzu ist eine Zitrusfrucht, die sauer-aromatisch und leicht bitter schmeckt und sehr saftig ist. Das Aroma der Yuzu ist wesentlich komplexer und intensiver als das der Zitrone, zudem ist sie weniger sauer. Häufig ist die Schale gefriergetrocknet oder tiefgekühlt erhältlich. Wer keine Yuzu findet, kann auf Zitronen zurückgreifen.

Yuzu Kosho ist eine Gewürzpaste aus Yuzu, Salz und Chili oder Pfeffer.

Viele der asiatischen Produkte gibt es bei uns in Wien im o.m.k. oder in gut sortierten Asia-Läden.

Liebe Leser*innen,

wir sagen Danke, dass wir Sie auf Ihrer Lesereise begleiten durften. Viele weitere Abenteuer, aufregende Geschichten sowie unverwechselbare Geschenkideen finden Sie auf unserem Abenteuerspielplatz.

WWW.BRANDSTAETTERVERLAG.COM

Besuchen Sie uns auf unserer Website!

Bleiben wir in Verbindung!

Wir freuen uns auf Ihre Anregungen, Wünsche und Kritiken.

LESERBRIEF@BRANDSTAETTERVERLAG.COM

Christian Brandstätter Verlag GmbH & Co KG
Wickenburggasse 26, 1080 Wien
Tel: (0043) 1 5121543256

MOCHI PLAYLIST

TEILEN MACHT FREUDE!

#crispy #crunchy #mochilove #manga #brandstaetterverlag

Impressum

1. Auflage 2023

PAPIER: Magno Volume 150 gr

Designed in Austria, printed in the EU

ISBN 978-3-7106-0692-2

REZEPTE:
Eduard Dimant

PROJEKTLEITUNG MOCHI & SETSTYLING:
Sandra Jedliczka

FOTOGRAFIE:
Vanessa Maas

BILDBEARBEITUNG:
Janine Hahn

TEXTE & MANGA-STORY:
Sarah Satt

MANGA-ILLUSTRATIONEN:
Kabujiro

GRAFISCHE GESTALTUNG:
Bureau F -

LEKTORAT:
Katharina Wind

SCHLUSSKORREKTORAT:
Anna Burghardt

ÜBERSETZUNG JAPANISCH:
Lhasa Miyagawa

PROJEKTLEITUNG BRANDSTÄTTER VERLAG:
Stefanie Neuhart & Alexandra Traxler

Wir tragen Verantwortung

Der Inhalt dieses Buchs wurde auf hochwertigem, PEFC™-zertifiziertem Papier gedruckt. Diese international anerkannten, unabhängigen und regelmäßig überprüften Standards gewährleisten eine umweltgerechte, sozial verträgliche, nachhaltige und ökonomisch tragfähige Nutzung entlang der gesamten Wertschöpfungskette Holz, vom Baum bis zum Buch.

Für die Druckproduktion und Endfertigung wurde auf umweltfreundliche, ressourcenschonende und schadstofffreie Produktionsweisen und Materialien geachtet. Die Druckerei ist FSC©- und PEFC™-zertifiziert, regelmäßige Audits erfolgen im Rahmen der internationalen Umweltmanagementnorm ISO 14001 (Nr. 35025/C/0001/UK/En).